**달라진 김정은,
돌아온 트럼프**

달라진 김정은 돌아온 트럼프

한반도 평화를 위한
대한민국의 선택은?

정욱식 지음

갈마바람
Galmabaram

머리말

소설도 이렇게 쓰면 욕먹을 것 같다. 2016년 11월 미국 대선에서 '미국 정계의 이단아' 도널드 트럼프가 당선되었다. 조선민주주의인민공화국의 김정은 국무위원장은 "국가 핵무력 완성"을 향해 폭주에 나설 채비를 하고 있었다. '박근혜 정부가 이를 감당할 수 있을까'라는 우려가 커지고 있을 때, 국정농단에 분노한 시민들이 촛불을 들었고 결국 박근혜 대통령은 탄핵되었다. 2024년 11월 미국 대선에서 또다시 트럼프가 승리했다. 그동안 김정은은 크게 달라졌고 강해졌다. '윤석열 정부가 이를 감당할 수 있을까'라는 우려가 커지고 있을 때, 윤석열 대통령이 12·3 내란 사태를 일으켜 탄핵을 재촉하고 있다. 우연의 일치라고 하기에는 기막힌 데자뷔가 연출되고 있는 셈이다.

자연스럽게 카를 마르크스의 명언 "역사는 반복된다. 한 번은 비극으로, 한 번은 희극으로"라는 말이 떠오른다. 2017년 위기를 딛고 2018년에 펼쳐진 문재인-김정은-트럼프의 '톱다운' 방식의 한반도 평화 프로세스는 '희망 고문'으로 끝나고 말았다. 2025년부터 본격적으로 펼쳐질 '김정은-트럼프 시즌 2'의 결말은 어떻게 될까? 이 책은 이 물음에 대한 답변이다. 또다시 비극을 반복하지 말자는 다짐이다. 최선이 불가능해졌다면, '가능한 차선'이라도 도모해보자는 호소이다.

이 책의 내용 가운데 일부는 내가 〈한겨레〉, 〈프레시안〉, 〈오마이뉴스〉에 기고했던 칼럼을 발췌해 수정·보완한 것이다. 글을 쓸 수 있는 기회를 주신 언론사 관계자들에게 감사의 말씀을 전한다. 또 작년에 창립 25주년을 맞이한 평화네트워크의 운영위원으로 흔쾌히 참여해주신 분들과 오랫동안 도와주신 분들에게도 깊은 감사의 말씀을 드린다. 이 책을 편집·출판하느라 애써주신 분들에게도 고마움을 전한다.

2025년 1월 20일 트럼프의 취임을 보며
서울 망원동 평화네트워크 사무실에서 정욱식

차례

김정은은 달라졌고
트럼프는 돌아왔다.
한국은?

조선민주주의인민공화국(이하 조선)의 김정은 국무위원장과 미국의 도널드 트럼프 대통령의 각본 없는 드라마 '시즌 1'은 박진감 넘치게 시작해서 어이없게 끝났다. 2017년 내내 말 한마디, 행동 하나 지지 않으려는 '치킨 게임'의 진수를 선보였던 두 사람은 2018년 6월에는 언제 그랬느냐는 듯 사상 최초의 북미 정상회담을 개최하고 '뜨거운 우정'을 연출했다. 2019년 2월에는 세계 정상회담 역사에 기록될 만한 '노딜 쇼'가 나왔다. 그로부터 4개월 후에는 또다시 전 세계를 깜짝 놀라게 한 '판문점 번개팅'을 가졌다. 수십 통의 편지도 오고 갔다. 결말은 씁쓸했다. 트럼프는 김정은과 "사랑에 빠졌다"라고 해놓고는 그를 괴롭혔다. 트럼프와의 관계가 70년 묵은 북미 간의 적대관계를 청산해줄 '신비로운 힘'이라고 여겼던 김정은은 '낙담한 연인이나 친구'처럼 원망과 자책을 쏟아냈다.

북미 정상회담 성사에 기여한 문재인 대통령과 김정은의 관계도 순식간에 뒤틀어졌다. 1948년 남북이 따로 정부를 수립한 이후 70년 동안 남북 정상회담은 딱 두 번 이루어졌다. 2000년 김대중-김정일, 2007년 노무현-김정일 정상회담이 바로 그것이다. 이에 반해 문재인과 김정은은 2018년 4월부터 9월까지 세 차례나 만났다. 숱한 명장면들도 있었다. 판문점에서 손을 잡고 군사분계선을 넘나든 장면에서부터 도보다리 산책, 평양 시내 카퍼레이드와 문재인의 능라도 5·1경기장 연설, 그리고 백두산 천지 동반 방문에 이르기까지. 하지만 거기까지였다. 2018년 문재인 정부에 '역대급 환대'를 보였던 김정은 정권이 2019년에는 '근친 증오'를 가감 없이 쏟아냈다.

남북 정상회담과 북미 정상회담에서 더는 얻을 게 없다고 판단한 김정은은 2019년 말부터 크게 달라지기 시작했다. 김정은은 2021년 1월에 열린 8차 노동당 대회에서 "총결기간(2016~2020년) 이룩된 성과"와 관련해 트럼프를 비롯한 각국 정상과의 만남을 열거하면서 딱 하나를 제외한 것이다. 바로 남북 정상회담이었다. 한마디로 기억에서 지우고 싶다는 뜻이었다. 그가 당대회에서 "북남 관계의 현 실태는 (2018년 4월 27일) 판문점선언 발표 이전 시기로 되돌아갔다고 해도 과언이 아니다"라고 말한 것도 이러한 맥락에서 나온 것이다. 이에 반해 김정은이 트럼프와의 정상회담을 '성과'로 일 컬은 것은 미묘한 여운을 남긴다.

아! 남북 관계

문재인 정부 후반기인 2019년 8월~2022년 5월에 남북 관계는 '돌아올 수 없는 다리'를 건넜다. 이러한 평가에는 남북 관계가 되돌리기 힘들 정도로 악화되었지만 되살릴 수 있는 토대가 완전히 무너진 것은 아니라는 뜻이 담겨 있다. 하지만 2022년 5월 윤석열 정부 출범 이후 상호간의 적대성이 나날이 심해지면서 다리가 아예 무너졌다. 이전에 존재했던 남북 관계의 토대가 유실되었다는 의미이다.

이러한 진단이 지나치지 않다는 것은 수치로 확인된다. 우선 1971년 공식적인 남북회담이 시작된 이래 지금까지 매일매일 회담 단절의 기록이 갱신되고 있다. 2018년 12월 체육회담을 끝으로 현재까지 남북회담이 한 차례도 열리지 않고 있는 것이다. 정권 차원에서 보면 문재인 정부가 대화 단절 29개월로 최장기록을 보유하고 있었다. 그런데 윤석열 정부가 이 기록을 갈아치웠다. 그리고 윤석열 대통령은 탄핵될 위기에 처했다. 참고로 미국의 조 바이든 행정부도 조선과 한 차례의 대화도 없이 임기를 마쳤다.

대화만 단절된 것이 아니다. 2019년부터 현재까지 남북 간 선박·항공기·철도 왕래는 제로다. 2021년부터는 사람도 차량도 완전히 왕래가 끊겼다. 1989년 통계가 작성된 이래 처음이다. 이산가족 생존자가 크게 줄어들면서 남북의 정서적 유대도 희미해지고 있다. 그렇다고 모든 게 '제로'는 아니다. 인도적·협력적 왕래가 끊긴 자리에는 대북 전단 풍선과 대남 쓰레기 풍선이 오가고 있고, 양쪽에서 틀어대는 확성기 방송이 고요한 비무장지대를 넘나든다.

왜 이런 일들이 벌어지고 있는 것일까? 한국과 조선의 서로에 대한 적대성이 나날이 강해지고 있기 때문이다. 오늘날의 남북 관계는 1990년을 전후한 미소 냉전 종식 이후 가장 최악이라고 해도 과언이 아니다. 일체의 대화와 교류가 사라졌을 뿐만 아니라 서로를 '주적'이라 부르고 '건들기만 해봐라' 하며 으르렁거린다. 지리적으로 가장 가까운 이웃이 정치·군사적으로는 가장 적대적인 현실은 한반도 구성원들에게 가장 큰 불행이다. 2024년 들어 급증한 양측의 풍선 살포와 확성기 방송은 한반도 주민들의 불안 지수를 폭증시키고 있다.

좀 더 근본적인 관점에서 볼 때 오늘날 남북 관계의 가장 큰 문제는 '구체제'가 급격하게 무너지고 있는데 '신체제'를 만들어갈 꿈조차 꾸지 못한다는 데 있다. 여기서 구체제는 1972년 7·4 남북공동성명부터 2018년 9·19 남북군사합의에 이르기까지 남북 관계의 특수성을 반영한 합의들과 이에 기초한 관계를 의미한다. 1991년 12월에 체결된 남북기본합의서에서 "쌍방 사이의 관계가 나라와 나라 사이의 관계가 아닌 통일을 지향하는 과정에서 잠정적으로 형성되는 특수관계"라고 규정하면서 남북은 새로운 이정표를 세웠다. 이는 남북기본합의서 체결 3개월 전에 이뤄진 남북 유엔 동시 가입으로 국제법적으로는 두 국가이지만 민족 내부적으로는 통일 지향적인 특수 관계를 지향함으로써 둘 사이의 선순환을 도모해보자는 취지를 담고 있었다. 방점은 "특수 관계"에 있었다.

하지만 남북은 통일 지향적인 관계를 수립하는 데에도, 서로의 국가성을 인정하는 가운데 평화 공존을 도모하는 데에도 실패하고 말았다. 과거에도 둘 사이의 합의가 위태로운 적은 여러 차례 있었지만, 오늘날만큼 그 토대가 무너진 적도, 대화와 협상을 통해 되살릴 수 있는 여건이 유실된 적도 없었다. '통일 지향적인 특수 관계론'이 사실상 파탄난 것이다.

그럼 신체제는 무엇일까? 아직은 모르지만, 실마리는 찾을 수 있다. 한국과 조선은 1991년 9월 유엔에 동시 가입했다. 하지만 민족과 통일 담론이 너무나도 강렬했던 데다 적대성을 청산하지 못하는 바람에 두 국가는 일반적인 의미의 국가 대 국가의 관계를 만들어내지 못했다. 오히려 김정은 정권은 남북 관계가 "적대적이고 교전 중인 두 국가로 고착되었다"라며 민족과 통일 지우기에 나섰고, 윤석열 정부는 이를 "반민족·반통일"이라고 비난하면서 "자유의 북진"과 자유민주주의 방식으로의 통일을 더 강하게 부르짖었다. 혼란과 위기의 본질은 이 지점에 있다. 통일 지향적인 특수 관계를 해체하는 데 나선 김정은 정권은 적대성을 강화하는 신체제를 도모하고 있고, 두 국가론을 일축한 윤석열 정부는 구체제의 적대성, 즉 흡수통일론을 더욱 강하게 부여잡은 것이다.

나는 앞서 남북 관계를 연결했던 유무형의 다리가 무너졌다고 진단한 바 있다. 그럼 이제 우리는 어떻게 해야 할까? 그냥 이대로 살자고 생각하는 이들도 있겠지만, 우리 삶에서 남북 관계가 완전히 사라진 것도, 사라질 수도 없는 노릇이다. 땅과 강과 바다와 하늘을 맞대고 있어 동물들이 전염병을 옮길 수도 있고, 큰비가 와도 큰 가뭄이 들어도 '물 문제'가 생길 수 있다. 생물 다양성의 보고인 비무장지대가 많은 양의 전단·오물과 지뢰, 그리고 소음으로 덮이면서 각종 생명체가 위협받고 있는 것도 외면할 수 없는 문제이다.

이뿐만이 아니다. 남북은 해양 세력과 대륙 세력이 날카롭게 대립하는 지정학적 단층을 대면하고 있다. 그래서 지정학적 단층운동이 강해지면 지진, 즉 큰 분쟁이 발생할 수 있는 곳이 바로 한반도이다. 완전히 등을 돌리고 살기에는 지리적으로 너무 가까이 있고 지정학적으로도 너무 예민한 곳이라는 뜻이다. 상대가 싫다고 나라 전체를 어딘가로 옮길 수도 없다. 미우나 고우나 함께 살아가야 할 이웃이라면 어디서부터 어떻게 문제를 풀어야 할지 많은 고민과 논의가 필요하다. 무너진 다리를 복구하는 데 방점을 찍을지, 아예 새로운 다리를 놓는 데 방점을 찍을지 생각해봐야 할 시점이다.

《한 번도 경험하지 못한 새로운 북한이 온다》이후

2023년 나는 《한 번도 경험하지 못한 새로운 북한이 온다》를 썼다. 책을 쓸 때 든 생각은 '북한이 가난하고 고립된 핵개발국에서 가난과 고립을 탈피한 핵보유국으로 변모하고 있다'는 것이었다. 한마디로 '새로운 북한이 온다'는 것이었다.* 김정은 정권은 2018~2019년에 있었던 남북 정상회담과 북미 정상회담에 더는 희망을 걸 수 없다고 판단한 이후 한국 및 미국과의 관계 개선에 대한 미련을 거의 접었다. 그리고 핵무력을 '국체國體'로 삼아 안보는 핵무장으로, 경제는 자력갱생과 자급자족으로, 외교는 중국 및 러시아 중심으로 가겠다는 길로 들어섰다. 그 책이 나온 지 18개월이 지난 오늘날 이러한 흐름은 더 명확해졌다.

조선의 핵과 미사일 능력이 강해지고 있는 것은 모두가 아는 바이다. 그럼 식량과 경제 사정은 어떨까? 일반적으로 생각하고 있는 것과는 달리 먹고사는 문제도 개선되어왔을 가능성이 매우 높다. 2024년 초 김정은은 식량 생산과 경제 성장이 목표치를 초과했다고 발표했다. 한국에서는 믿을 수 없다는 반응이 많이 나왔지만, 나 역시 조선의 사정을 잘 아는 중국인들로부터 조선이 식량난과 경제난에서 빠르게 벗어나고 있다는 이야기를 전해 들었다. 한편 조선은 외교적 고립에서도 벗어나고 있다. 북중·북러 관계는 1990년 이래 최고 수준이고, 특히 북러 관계 밀착에 세계는 크게 놀랐다. 아울러 한미일의 대화 요구에 조선이 고자세를 유지한 것도 과거와는 달라진 풍경이다. 조선의 입장에서는 아쉬운 것도, 기대할 것도 별로 없다는 뜻이다.

- 2024년 4월 이후 나는 가급적 '북한'이라는 명칭 대신 '조선민주주의인민공화국(조선)'이라고 표현하고 있다. 그 사유에 대해서는 후술하겠다.

독자들은 '이게 어떻게 가능하냐'고 의아함을 느낄 것이다. 이 궁금증을 풀 수 있는 키워드가 바로 '핵'이다. '절대 무기'로 불리는 핵무기는 국방과 안보뿐만 아니라 경제와 외교 분야에서도 큰 함의를 갖고 있다. 조선 국가 전략의 핵심은 '경제 건설과 핵무력 건설 병진 노선'이라고 할 수 있다. 많은 이들은 병진이 불가능하다고 봐왔지만 실상은 다르다. 조선은 핵과 미사일에 집중하면서도 재래식 군사력의 비중을 줄여 그 비용을 인민 생활과 경제발전에 투입해왔다. 외교적으로도 괄목할 만한 특징을 발견할 수 있다. 북중·북러 관계가 회복되는 과정에서 과거의 종속적인 관계를 벗어나 대등한 관계로 이동하고 있는 것이다. 조선은 자체적인 핵무장을 통해 중국 및 러시아에 안보를 의존하지 않게 되었다고 해도 과언이 아니다. 또 자력갱생 및 자급자족을 통해 자립 경제를 도모해왔고 이것이 만만치 않은 성과를 내면서 중국과 러시아의 지원에 의존할 필요도 크게 줄어들었다. 그 결과 이제는 대등한 교역과 교류 협력을 추구하고 있다.

이렇듯 김정은 정권은 핵을 안보, 경제, 외교를 아우르는 국가 전략의 핵심으로 삼고 있고 만만치 않은 성과를 내고 있다. 이에 힘입어 조선은 핵을 국가적 자부심의 원천으로 강조하면서 '국체'로 치켜세우고 있다. 반핵 평화 활동가인 나에게는 매우 불편한 현실이다. 동시에 나는 이제 '있는 그대로의, 크게 달라지고 있는 조선'을 직시해야 한다고 생각한다.

아마도 한국과 일본, 그리고 미국을 비롯한 많은 나라들이 직면하게 될 난처한 질문은 '북한을 핵보유국으로 인정해야 할까'일 것이다. 러시아는 조선을 '사실상de facto'의 핵보유국으로 인정하고 있고 중국도 사실상 묵인하고 있다. 본문에서 자세히 다루겠지만, 인정과 묵인은 미묘한 차이가 있다. 현재 조선은 157개국과 수교를 맺고 있는데, 2022년에 조선이 "불가역적인 핵보유국"임을 선언한 이후 그 이유를 들어 조선과 단교한 나라는 현재까지 단 하나도 없다.

조선과 적대 관계에 있는 한미일은 어떨까? '외교적'으로 조선을 핵보유국으로 인정할 수 없다는 입장은 확고하다. 대북 정책의 목표가 한반도 비핵화에 있다는 점도 분명히 해왔다. 하지만 '군사적'으로는 조선을 핵보유국으로 간주하면서 대응책을 세우고 있다. 최근 한미 혹은 한미일 연합훈련에 북핵 사용 억제뿐만 아니라 조선이 핵을 사용할 경우에 대비한 내용도 포함된 데에서도 이를 알 수 있다. 이게 바로 딜레마의 핵심이다. 한미일이 외교적으로 비핵화를 앞세울수록 조선은 핵무력 증강에 더욱 집착해 결과적으로는 비핵화에서 멀어진다. 북핵에 대한 군사적 대비가 과도해질수록 북핵 고도화와 안보 딜레마의 격화 역시 피할 수 없다. 따라서 현실적이면서도 창의적인 발상이 필요하다. 김정은과 '브로맨스'를 과시했던 트럼프가 돌아왔기에, 정략적 목적으로 시대착오적인 북풍 몰이에 몰두했던 윤석열 정권이 탄핵될 것이 확실해졌기에 더욱 그러하다.

01

김정은은
왜 그럴까?

2023년 12월 30일 〈조선중앙통신〉은 노동당 전원회의에서 "불신과 대결만을 거듭해온 쓰라린 북남 관계사를 냉철하게 분석한 데 입각하여 대남 부문에서 근본적인 방향 전환"을 도모하기로 했다는 김정은 국무위원장의 발언을 소개했다. 발언의 핵심은 "장구한 북남 관계를 돌이켜보면서 우리 당이 내린 총적인 결론은 하나의 민족, 하나의 국가, 두 개 제도에 기초한 우리의 조국통일노선과 극명하게 상반되는 '흡수 통일', '체제 통일'을 국책으로 정한 대한민국 것들과는 그 언제 가도 통일이 성사될 수 없다는 것"이고, 이에 따라 "북남 관계는 더 이상 동족 관계, 동질 관계가 아닌 적대적인 두 국가 관계, 전쟁 중에 있는 두 교전국 관계로 완전히 고착되었다"라는 것이다. 이후 조선은 2024년 1월에 최고인민회의를 통해 이러한 입장을 거듭 확인하면서 "대남 사업 부문의 기구들을 정리·개편하는 작업"에 곧바로 착수해 일사천리로 남북 관계의 유산과 흔적들을 지웠다. 여기에는 김일성·김정일 유훈의 상징인 조국통일 3대 헌장기념탑의 철거도 포함되었다.

이를 어떻게 해석할 수 있을까? 우선 김정은 정권이 2020년부터 '통일을 지향하는 특수 관계'에서 '적대적 두 국가 체제'로의 전환을 염두에 둔 움직임을 보이기 시작했다는 것부터 살펴볼 필요가 있다. 2020년에 들어서면서 조선은 슬로건을 '우리민족제일주의'에서 '우리국가제일주의'로 바꿨다. 또 〈노동신문〉의 남조선 면을 없앴고 2018년에 세 차례 있었던 남북 정상회담의 흔적도 지웠다. 급기야 2020년 6월에는 "대남 관계가 대적 관계로 전환되었다"라며, 개성 남북 공동 연락사무소를 폭파했다. 그리고 2023년 7월부터는 '남조선'이 아니라 '대한민국'이나 '한국'이라는 표현을 공식적으로 사용하기 시작했다. 그런데 조선이 남북 관계에서 동족과 통일을 지우고 '적대적 두 국가'를 처음으로 공식화한 것은 2023년 말부터다. 김정은이 '헤어질 결심'을 굳혔다는 뜻이다.

문제는 조선의 이러한 방향 전환이 윤석열 정부 등장 이후 격화되어온 남북한 사이의 정치·군사적 적대감에 따른 것만은 아니라는 데 있다. 조선이 전원회의 결과를 발표하면서 한국에서 "정권이 10여 차례나 바뀌었지만 '자유민주주의 체제하의 통일' 기조는 추호도 변함없이 그대로 이어져왔다"라거나 흡수통일을 시도한 것은 "'민주'를 표방하든, '보수'의 탈을 썼든 조금도 다를 바 없었다"라고 평가한 것도 이러한 맥락에서 나온 것이다. 조선의 이러한 대남 인식의 결정적인 전환기는 2019년이었다. 2018년 세 차례의 남북 정상회담을 통해 황금기를 구가했던 남북 관계는 2019년부터 악화일로를 걸어왔다. 이와 관련해 조선의 대남 기구인 조국평화통일위원회(조평통)의 담화를 복기해볼 필요가 있다. 이 기구는 문재인 당시 대통령이 8·15 경축사를 통해 남북한이 '한반도 평화경제론'을 통해 일본을 따라잡아보자는 취지의 연설을 하자, 다음 날 "삶은 소대가리 양천대소할 노릇"이라며 "남조선과는 더 이상 상종하지 않겠다"라고 밝혔다. 그리고 조평통은 이 담화를 끝으로 자신의 임무를 다했다는 듯 더는 활동하지 않다 2024년에 들어서면서 조직 자체가 없어졌다.

주목할 점은 또 있다. 조선의 대남 방향 전환이 문재인 정부에 대한 실망감과 배신감, 그리고 윤석열 정부에 대한 적대감과 혐오감에서 비롯된 것만은 아니라는 것이다. 조선의 입장에서 볼 때, 한국은 크게 두 가지 측면에서 필요한 존재였다. 하나는 극심한 경제난의 탈출구이고, 또 하나는 조선이 간절하게 원했던 북미 관계 개선의 중재자였다. 그런데 조선은 2019년을 거치면서 대미 관계 정상화에 대한 미련을 접었다. 2021년 1월 8차 당대회에서는 경제 제재를 "자력갱생과 자급자족을 실현할 수 있는 좋은 기회"로 삼겠다며 경제 노선의 전환도 선포했다. 2024년 들어 조선이 굳히기에 들어간 '적대적 두 국가론'은 이러한 흐름의 연장선상에서 나온 것이다.

이러한 선택을 내린 조선의 의도와 관련해 단골 메뉴처럼 등장하는 해석이 바로 '체제 결속'이다. '김정은 정권이 식량난과 경제난으로 인한 주민들의 불만을 외부로 돌리고 체제 결속을 도모하려고 일부러 위기를 조장한다'는 것이다. 특히 윤석열 정부의 주요 인사들이 앞장서서 이러한 주장을 폈다. 나 역시 2024년 들어 한층 강화된 조선의 도발적인 언행과 '적대적인 두 국가'를 천명한 주된 동기가 체제 결속에서 비롯된 것이라고 생각한다. 하지만 그 근거에 대해서는 다른 사람들과 완전히 생각을 달리한다. 후술하겠지만, 조선은 최근 식량 생산과 경제성장에 있어서도 만만치 않은 성과를 내고 있기 때문이다.

이중 정체성에서 국가 정체성 확립으로

조선의 체제 결속 시도는 완전히 다른 관점에서 볼 필요가 있다. 바로 이중 정체성의 혼란에 종지부를 찍고 국가 정체성을 확립하겠다는 의지이다. 여기서 조선의 이중 정체성은 이런 것들을 의미한다. 통일을 국시로 내세우면서도 흡수통일을 걱정하고 견제했던 이중성, 비핵화가 선대의 유훈이라면서 핵무장의 필요성을 떨쳐버리지 못한 이중성, 반미이면서도 친미가 되기를 원했던 이중성, 제재를 유발하는 행동을 하면서 제재가 해결되길 원했던 이중성, '인민이 쌀밥에 고깃국을 먹는 세상'을 만들겠다는 다짐과 주민들의 고단한 삶의 불일치 등이다.

이러한 이중 정체성의 혼란이 정점에 달했던 때가 바로 2019년이었다. 2018년 문재인-트럼프-김정은이 주도한 역사적인 한반도 평화 프로세스가 시작되면서 김정은 정권은 물론이고 주민들의 기대치도 크게 높아졌다. 하지만 결실의 해가 될 것으로 믿었던 2019년은 좌절의 해로 둔갑했다. '조선반도 비핵화'에 합의할 거라 생각했는데, 미국은 조선의 무장해제에 가까운 일방적인 비핵화를 요구했다. 기대했던 제재가 완화되기는커녕 오히려 강화되었다. 트럼프가 중단하겠다고 약속한 한미연합훈련도 재개됐다. "단계적 군축"을 추진하기로 합의했던 문재인 정부는 역대급 군비 증강에 나섰다.

2019년 8월 초 김정은은 자신의 심정을 구구절절 담은 친서를 트럼프에게 보냈다. 자신을 주기만 하고 아무것도 받지 못하는 "바보 취급하지 말라"라고 썼다. 문재인 정부를 향해서도 바보라고 칭했다. 특히 "저와 제 인민들은 당신과 남한 당국의 결정과 행동을 이해하기 매우 어렵다"라며 자신과 주민들이 겪은 혼란스러운 심정을 여과 없이 드러냈다. 그러고는 이중 정체성의 시대에 종지부를 찍겠다고 결심했다.

이러한 상황에서 적대적인 대북관을 분명히 하는 윤석열 정부가 등장하자 김정은 정권은 정체성의 정치를 강화할 기회가 왔다고 간주했다. 2024년 1월 2일에 나온 김여정 노동당 부부장의 담화도 이러한 분석을 뒷받침해준다. 조롱 어린 어투로 도배된 담화의 요지는 '언행불일치'로 자신들을 헷갈리게 한 문재인 정부에는 '배신감'을, '언행일치'로 대북 적대를 분명히 해 자신들의 대적관을 확립해준 윤석열 정부에는 '고마움'을 표한 것이다.

2020년부터 조선의 각 방면에서 일어나고 있는 여러 가지 변화는 다양하면서도 고도로 연결되어 있다. 우선 핵문제부터 살펴보자. "조선반도 비핵화는 김일성과 김정일의 유훈"이라는 조선의 언명이 하나의 정체성을 이룬다면, 누구도

넘볼 수 없는 강력한 전쟁 억제력을 갖춰야 한다는 것은 또 하나의 정체성에 해당한다. 그런데 김정은 정권은 전자의 관점에서 완전히 탈피해 "불가역적인 핵보유국"으로서의 정체성을 확립하려고 한다. 핵무력을 "국체"라고 표현할 정도로 말이다.

이를 정당화하는 방식이 바로 대남·대미 노선의 근본적인 재정립이다. 남북 관계를 '통일을 지향하는 특수 관계'에서 '교전 중이고 적대적인 두 국가'로 탈바꿈시키려고 한다. 대미 관계 역시 마찬가지이다. 과거에는 '친미'가 되기를 간절히 원하던 '반미' 국가 조선이 친미를 포기하고 반미 연대를 주도하고 싶어 한다. 그리고 "호시탐탐 북침을 노리는" 한미 동맹에 맞서 전쟁을 억제하고, 억제에 실패해 전쟁이 일어나면 승전뿐만 아니라 무력으로 "공화국으로의 편입"을 도모하기 위해 핵무장이 필수적이라고 선전한다. 과거에도 조선은 유사시 한국을 상대로 핵무기를 사용할 수 있다고 엄포를 놓았다. '동족을 상대로 핵무기를 쓴다고?' 김정은 정권이 이 어색한 상황을 해결하기 위해 취한 방식이 바로 '한국은 더 이상 동족도, 평화통일 대상도 아니라 철두철미한 제1의 주적일 뿐'이라는 선언이다. 동족이 아닌 만큼 한국이 먼저 공격해오면 핵무기도 쓸 수 있다는 걸 이런 식으로 정당화하려 든 것이다.

통일은 어떨까? 조국 통일이야말로 조선이 추구한 정체성의 핵심이었다. 김일성·김정일의 유훈이자 조선 주민들이 귀에 못이 박히도록 들어왔던 민족의 숙원이었다. 또 김정은 정권은 체제의 정통성을 "백두혈통"에서 찾아왔다. 그래서 여러 전문가들은 김정은의 통일 포기를 선대의 유훈을 배신한 것이고 주민들의 혼란을 야기한다고 본다. 그런데 이 지점에서도 이중 정체성이 발견된다. 국시인 통일이 하나의 정체성을 이룬다면, 한국의 흡수통일 시도를 경계·견제해 '우리식 사회주의'를 유지해야 한다는 것은 또 하나의 정체성에 해당되기 때문이다. 김정은은 후자를 선택했다.

이게 선대의 유훈을 배신하고 주민들의 혼란을 야기하는 것이라고 단정할 수 있을까? 아니다. 선대의 유훈은 통일에만 있는 것이 아니다. "인민들이 이밥(쌀밥)에 고깃국을 먹는 세상", "2012년 사회주의 강성대국 달성"도 유훈이었다. 하지만 김정은이 할아버지와 아버지로부터 물려받은 조선은 초라하게도 "가난과 고립에 처한 핵개발국"이었다. 여러 시도와 좌고우면 끝에 김정은 정권은 선택과 집중에 나섰다. 통일이라는 부질없는 꿈을 좇기보다는 '먹고사는 문제 해결'과 '사회주의 건설의 전면적인 발전'에 집중하겠다는 것이다. 이게 성과를 거둔다면 통일 포기에 따른 주민의 혼란을 충분히 수습하고 체제 결속을 다질 수 있다는 계산이 깔려 있다.

그럼 조선이 남북 관계와 북미 관계를 포기하면 인민 생활과 경제는 어떻게 되는 것일까? 과거의 조선이 남북 관계와 북미 관계를 중시한 데에는 경제적인 고려도 컸다. 대북 지원과 남북 경제협력은 극도의 식량·경제난에 시달리던 조선에게 하나의 탈출구였다. 북미 관계는 말할 필요도 없었다. 미국이 주도한 대북 제재를 해결하지 않는 한, 인민 생활 향상과 경제발전이 불가능하다고 여겼다. 그래서 예전의 조선 매체에서는 '조미 관계가 좋아지면 우리도 잘살 수 있다'는 식의 주민의 발언도 종종 접할 수 있었다. 하지만 2020년부터 확연히 달라졌다. '객관적인 난관을 주관적인 역량으로 정면돌파하자'는 경제 정체성을 분명히 하고 있다. 제재를 유발하는 행위를 하면서 제재에 고통스러워하고 완화와 해제를 간절히 원했던 과거와는 결별하고 제재를 자력갱생과 자급자족을 실현할 수 있는 "좋은 기회"로 삼기로 한 것이다.

　　이처럼 조선은 '우리국가제일주의', '사회주의 건설의 전면적인 발전', '인민대중 제일주의' 등의 구호를 앞세우면서, 불가역적인 핵보유국, 반미반한과 친중친러, 전략국가 등으로 새로운 국가 정체성을 확립하려고 해왔다. 하지만 자력갱생과 자급자족으로 인민 생활과 경제발전을 이루겠다는 다짐이 성과를 내지 못하면, 체제 정당성과 결속에는 한계가 있을 수밖에 없다. 진영을 떠나 한국의 여러 전문가들도 바로 이 점을 지적한다. 조선 스스로, 그리고 중국·러시아 등과의 관계 강화를 통해 경제난을 해소하는 것은 불가능할 것이라며 조선 노선의 '재전환'을 점친다. 과연 그럴까?

'보이지 않는 고릴라 실험'

1999년 미국 하버드 대학교의 대니얼 사이먼스와 크리스토퍼 차브리스는 흥미로운 실험을 진행했다. 두 사람은 36명의 피실험자들에게 영상 속에서 흰 옷을 입은 3명과 검정 옷을 입은 3명이 서로 농구공을 주고받은 횟수를 맞혀보라고 지시했다. 화면에 집중한 피실험자들은 대부분 답을 맞혔다. 그런데 질문이 또 하나 있었다. "영상에서 5초 동안 가슴을 두드리며 무대 위를 지나간 고릴라 분장을 한 사람을 봤나요?" 놀랍게도 절반가량이 못 봤다고 답했다. 이것이 바로 사람들은 대개 보고 싶은 것만 본다는 확증 편향 현상을 입증한 '보이지 않는 고릴라 실험 Invisible gorilla'이다.

조선을 바라보는 외부의 시선은 어떨까? 주로 조선은 '가난하고 굶주리며 국제적으로 고립되고 있는데도 핵과 미사일 개발에만 매달리는 존재'로 소비된다. 그래서 '보이지 않는 고릴라 실험'의 피실험자들이 농구공이 오간 횟수를 정확히 맞힌 것처럼, 여러 국가와 언론들도 조선의 핵실험과 미사일 발사 횟수를 정확히 파악하고 있다. 그런데 조선은 핵무기와 미사일만 만들고 이를 과시하는 데 그치지 않고, 인민 생활과 경제발전, 그리고 외교적 환경에도 주목할 만한 변화를 일으키고 있다. 그런데도 외부에서는 조선의 핵과 미사일에만 주의를 기울인 나머지 달라진 조선을 제대로 포착하지 못하고 있다.

조선의 식량과 경제 문제를 바라보는 시선이 대표적이다. "아사자가 속출하고 있다" 혹은 "경제난이 심각해져 체제에 위협이 되고 있다"라는 식의 진단이 난무해왔다. 과거의 조선이 이러한 상황에 처한 적이 있었던 것은 사실이다. 하지만 김정은 체제에 들어서면서 식량난과 경제난은 조금씩 완화되기 시작했고, 2021년 8차 당대회 이후 그 추세는 더욱 빨라지고 있다. 그런데도 외부에서는 이를 잘 모르거나 믿지 않거나 모른 척한다. 때로로 자신들의 정치적 필요에 따라 대북 정보를 취사선택하거나 왜곡하기도 한다.

이와 관련해 최근 노동당 전원회의 결과를 주목할 필요가 있다. 우선 2023년 연말에 열린 전원회의에서 당해 연도에 목표로 삼았던 '12가지 고지'를 초과 달성했고, 특히 알곡 생산에서는 3% 초과 달성했다고 발표했다. 2024년 말에 열린 전원회의에서도 알곡 생산을 7% 추가 달성하는 등 '12가지 고지'에서 괄목할 만한 성과를 냈다고 밝혔다. 알곡 생산도 늘어나고 있지만, 육류·해산물·채소·유제품 등 먹거리의 다변화도 가속화되고 있다. 2023년 연말 김정은은 2021~2023년 국내총생산액이 2020년에 비해 "1.4배로 늘어났다"라고 밝혔다. 이에 앞서 김정은은 2022년 9월 최고인민회의 시정연설에서 "2025년 말에 가서 2020년 수준보다 국내총생산액은 1.4배 이상" 성장시키는 것이 목표라고 말한 바 있다. 그런데 2023년 12월에 열린 노동당 전원회의 결과에 따르면, 2년 앞서 이러한 목표 달성에 근접한 것이다.

이게 사실이라면 조선이 지난 2021~2023년에 연평균 12%에 육박하는 경제성장률을 달성했다는 뜻이다. 외부에서 이를 검증하는 것은 불가능한 일이지만, 김정은 정권이 국내외에 '가짜 뉴스'를 유포했을 가능성은 높지 않아 보인다. 외부에서 주장하는 것처럼 조선 주민의 궁핍화가 갈수록 심해지는데 김정은 정권이 경제와 식량 사정이 크게 좋아지고 있다고 선전하면 주민들의 동요가 더 심해질 수 있기 때문이다. 또 외부에서는 조선의 경제 통계가 부실하거나 하부 단위에서 허위로 보고했을 수 있다고 생각할 수도 있다. 이는 과거 사회주의국가의 오랜 병폐였다. 그런데 김정은 정권은 이 가능성을 경계해, 2022년 5월에 '허풍방지법'을 제정해 하부 단위에서 중앙에 허위·거짓 보고를 하는 경우 처벌할 수 있게 했다.

　참고로 내가 2023년 12월, 2024년 3월, 그리고 12월에 만난 중국의 대북 소식통에 따르면 "조선의 식량과 경제 사정이 눈에 띄게 좋아지고 있다". 주목할 점은 조선이 경제 제재 완화는 물론이고 한국의 대북 지원이나 남북 경제 협력 없이도 경제난과 식량난에서 빠르게 벗어나고 있다는 것이다. 이를 뒷받침하듯 조선은 2024년 8월에 유엔 인권이사회에 제출한 보편적정례인권검토(UPR) 보고서에서 2019년 식량 생산량이 "665만 톤 이상"이었다고 밝혔다. 이는 한국의 농촌진흥청이 추정한 것보다 약 200만톤 많은 수치이다. 또 농촌진흥청은 2024년 조선의 식량 생산량이 전년도보다 0.8% 줄어들었다고 추정했다. 하지만 앞서 소개한 것처럼 조선은 알곡 생산량이 목표치보다 7% 많았다고 밝혔다. 조선이 만성적이고 극심한 식량난에 시달리고 있다는 외부인들의 일반적인 인식은 조선의 발표치를 모르거나 모르는 척하면서 농촌진흥청이나 유엔식량농업기구(FAO)의 '추정치'를 맹신하는 데에서 비롯된 것이다.

　2024년 조선의 UPR 보고서에 따르면, 수명과 사망률도 개선되고 있다. 남성의 수명은 2019년 74.1세에서 2022년 74.7세로, 여성은 71.5세에서 77.7세로 늘어났다. 아울러 같은 기간 전체 사망은 1천 명당 8.3명에서 8.2명으로, 영아 사망률은 12.1명에서 11.7명으로, 5세 미만 유아는 16.9명에서 16.4명으로 줄어들었다고 보고했다.* 이러한 보고서 내용도 주목을 끌지만, 김정은 정권이 2023년 이후 인민 생활과 경제발전에 있어서 이전보다 더 큰 성과를 이룩해오고 있다고 자평한 것 역시 눈여겨봐야 한다. 이런 요소들을 볼 때 조선의 전면적인 노선 전환은 이러한 자신감이 반영된 것이라고 해석할 수 있다.

이런 일이 어떻게 가능했을까? 시야를 냉전 시대로 돌려보자. 냉전 시대 자유 진영의 선택과 오늘날 조선의 선택을 비교해보면, 조선의 선택이 결코 유별난 것이 아니라는 것을 알 수 있다. "서구 국가들이 재래식 무기로 그들과 같은 수준에 다다르려 했다면, 아마 자유민주주의와 자유시장을 철회하고 영구적 전시 상태에 놓인 전체주의국가가 되어야 했을 것이다. 자유민주주의를 구원한 건 다름 아닌 핵무기였다." 세계적인 베스트셀러 작가인 유발 하라리가《호모 데우스》에 담은 구절이다.** 여기서 '그들'은 소련을 비롯한 바르샤바조약기구를 의미한다. '그들'과 북대서양조약기구(나토)의

• https://documents.un.org/doc/undoc/gen/g24/155/42/pdf/g2415542.pdf.

•• 《호모 데우스》, 유발 하라리 지음, 김명주 옮김, 김영사, 2017.

재래식 군사력의 격차가 얼마나 났었고 핵무기가 이를 얼마나 상쇄해주었기에 하라리는 이런 진단을 내린 것일까?

냉전이 절정에 달했던 1984년 나토가 작성한 문서를 보면, 정규군은 600만 명 대 400만 명, 전차는 6만 1,000대 대 2만 5,000대, 군용기는 1만 3,000대 대 1만 1,200대 등 상당한 격차가 있었다는 것을 확인할 수 있다.* 냉전 초기에 비해 나토가 그나마 따라잡은 수준이 이 정도였다. 하라리의 진단은 나토가 이러한 재래식 군사력의 열세를 미국, 영국, 프랑스의 핵무기와 '상호확증파괴(MAD)' 전략으로 만회할 수 있었고, 그래서 "서구인들이 세탁기, 냉장고, 텔레비전뿐만 아니라 섹스, 마약, 로큰롤을 즐길 수 있었다"라는 것이다.

하라리의 이러한 해석에 대한 동의 여부와 관계없이 여러 나라들은 실제로 국가안보와 경제발전의 '양립'을 핵무기에서 찾으려고 했다. '안보의 경제성'을 강조했던 미국 아이젠하워 행정부의 '뉴룩New Look', 중국 개혁·개방의 기수인 덩샤오핑의 양탄일성론兩彈一星論, 자주국방과 경제발전을 동시에 추구했던 박정희의 비밀 핵개발 시도 등이 대표적인 사례이다. 이는 색안경을 벗고 봐야 '북핵의 정치경제학'을 제대로 볼 수 있다는 것을 말해준다. 김정은이 하라리의 책을 읽었

---

*   https://archives.nato.int/nato-and-warsaw-pact-force-comparisons.

는지는 알 수 없다. 하지만 그의 머릿속에는 '우리식 사회주의를 구원해줄 것은 핵무기'라는 신념이 확고히 자리잡고 있다. 그럼 이러한 선택의 성적표는 어떨까?

우선 군사안보 차원에서 살펴보자. 한반도의 군사력 균형에 북핵이 본격적으로 가세하고 있다는 점에 주목하자. 미국의 군사력 평가기관인 글로벌 파이어파워가 분석한 2017년과 2024년 핵무기를 제외한 남북의 군사력을 비교해보면, 한국은 12위에서 5위로 껑충 뛰어올랐고 조선은 18위에서 36위로 크게 떨어졌다.* 여기에 한국의 동맹인 미국, 본격적으로 재무장에 나선 일본, 10여 개의 유엔사 전력 공여국을 고려하면 그 격차는 더욱 벌어진다. 이를 만회하려는 조선의 선택은 냉전 시대의 나토와 너무나도 닮았다. 경제적으로 큰 부담이 따르는 재래식 군사력을 대폭 증강하기보다는 핵무력 고도화와 '상호확증파괴' 전략으로 열세를 상쇄하고 있는 것이다.

다음으로는 경제 분야이다. 조선 국가전략의 핵심은 '경제 건설과 핵무력 건설 병진 노선'이라고 할 수 있다. 많은 이들은 병진이 불가능하다고 봤지만, 실상은 다르다. 조선은 핵과 미사일에 집중하면서도 재래식 군사력의 비중을 줄여

•   자세한 내용은 이곳에서 볼 수 있다. https://www.globalfirepower.com.

그 비용을 인민 생활과 경제발전에 투입해왔다. 실제로 병진 노선을 선포한 2013년부터 2023년 사이의 연평균 국방비 지출이 전체 정부 재정 지출에서 차지하는 비중은 15.9%로 거의 고정되다시피 했다. 반면 경제 건설 분야 예산은 매년 5% 안팎씩 늘었다. 또 2021년 1월에 5개년 경제발전계획을 수립하면서 사병의 복무 기간을 남성의 경우 기존 8~9년에서 7년으로, 여성의 경우 6~7년에서 5년으로 줄인 것으로 파악됐다. 이를 두고 한국의 국가정보원은 경제 건설에 젊은 노동력 투입을 확대하고 군 정예화를 도모하기 위한 조치로 풀이했다.•

여러 곳의 공군 비행장을 대규모 온실농장으로 전환한 것도 눈에 띤다. 2020년 함경북도 경성군에 있던 군 비행장을 '중평남새(채소)온실농장'으로, 2022년에는 함경남도 함주군에 있던 군 비행장을 '연포온실농장'으로, 2023년에는 평양시 북동부에 있는 강동군 군 비행장을 '강동온실농장'으로 바꾼 것이다. 아울러 군수공장에서 트랙터를 대량 생산해 농촌 현장에 보급했으며, 김정은 정권이 심혈을 기울이고 있는 '지방발전 20×10'에 조선인민군을 대거 투입하고 있다. 식량 증산과 더불어 먹거리의 다변화도 빠르게 이뤄지고 있다.

•   https://www.hani.co.kr/arti/politics/defense/983243.html.

이처럼 조선의 병진 노선이 경제적인 특성을 띠고 있다면, 이에 대한 재평가도 시급하다. 이념적·도덕적 선입관, 혹은 정치적 필요에 압도되면 병진 노선의 실체를 정확히 파악하기도 어려워지고, 그 잠재력을 과소평가하는 오류를 범할 수 있기 때문이다. 실제로 한국이 병진 노선을 얕잡아보는 사이에 조선은 '가난한 핵개발국'에서 '가난을 탈피한 핵보유국'이 되고 있다고 해도 과언이 아니다. 과거의 조선에겐 경제발전과 핵보유국 지위 추구가 양자택일의 성격이 강했다. 2013년 3월에 선포하고 2018년 4월에 종결을 선언했게는 '경제 건설과 핵무력 건설 병진 노선'은 과도기적 성격이 짙은 것이었다.

하지만 2019년을 거치면서 조선은 이 둘의 병진이 가능하다는 입장으로 확연히 돌아섰다. 여기서 중요한 것은 이러한 판단이 가져온 득실 관계이다. 김정은 정권의 이러한 선택으로 인해 식량난과 경제난이 심해졌다면, 대북 지원이나 제재가 변수로 재등장할 가능성은 높아졌을 것이다. 그러나 여러 가지 정황과 정보를 종합해보면 '병진 노선 2.0'이 만만치 않은 성과를 내고 있다는 것을 알 수 있다. 이는 조선을 지원이나 제재의 대상으로 바라봐온 관성에서 탈피해야 한다는 것을 말해준다.

미지의 땅과 '카더라 통신'

"수백 명 사망, 北 열차전복 참사 그뒤, 김정은 도발 거세졌다."

2024년 1월 18일 오전 〈중앙일보〉 인터넷판 머리기사 제목이다. 이 매체를 비롯한 상당수 언론은 미국 자유아시아방송(RFA)의 전날 보도를 인용해, '북한 전력난에 열차 전복사고로 400명 이상 사망'이라는 제목으로 대대적인 보도를 쏟아냈다. 그리고 〈중앙일보〉를 비롯한 일부 언론은 김정은이 연말연시에 도발적인 대남 언행을 쏟아낸 것이 이와 무관치 않다는 취지의 보도도 내놓았다. 〈중앙일보〉는 "대남정책의 공세적 전환 이면에는 결국 경제난이 가중되는 가운데 외부 위협을 부각해 민심 이반을 막고 내부를 결속하려는 목적이 있다는 분석이 주를 이뤘다"라며, "김정은의 연이은 공격적 발언은 내부 민심이 심상치 않은 가운데 나온 것인데, 수백 명 사망이 사실이라면 민심 이반의 기폭제가 될 수도 있는 사건"이라고 대북 소식통을 인용해 보도했다. 그러면서 "김정은이 남한을 겨냥하는 건 외부로부터의 위험 요소를 앞세워 내부의 불만을 잠재우려는 시도이며, 대규모 인명 사고가 이에 영향을 줬을 수 있다는 취지"라고 덧붙였다.

하지만 열차 사고로 북한 주민이 400명 이상, 혹은 수백 명이 사망했다는 〈RFA〉의 보도는 사실관계조차 확인이 안 된 것이었다. 이와 관련해 나는 조선 사정에 밝은 중국 소식통으로부터 "교통사고가 난 것은 맞지만, 피해 규모가 그리 심각한 것은 아닌 것으로 알고 있다"라는 말을 전해 들었다. 그리고 동아일보사에서 운영하는 〈채널A〉는 1월 19일 한국의 정보 당국을 인용해 "열차가 아닌 버스 전복 사고이며, 사망자 규모도 수백 명이 아니라 미미한 수준으로 파악하고 있다"라고 보도했다.

그런데도 상당수의 언론은 정정 보도나 추가 확인 없이 대형 열차 사고를 기정사실화하면서 조선의 '두 국가' 선언 등 적대적 대남 언행의 원인 가운데 하나를 열차 사고에서 찾았다. 이러한 빗나간 보도가 상당한 소구력을 발휘하는 이유는 대중들의 호기심과 일부 언론의 확증편향이 '화학작용'을 일으킨 데에 있다. 조선의 도발적인 언행을 두고 많은 사람들은 "왜 저러지?" 하고 의문을 품는다. 그리고 여러 언론과 전문가들은 김정은 정권이 가중되는 식량난 및 경제난과 이에 따른 주민 불만을 외부로 돌리려는 데 그 원인이 있다고 단정한다. 이러던 와중에 전력난으로 열차 사고가 발생했고, "간부들이 타고 있던 상급 열차는 탈선하지 않았고, 나머지 7개의 열차에 탔던 주민은 대부분 사망했다"라는 외신 보도는 이러한 확증편향을 더욱 강화시키는 소재가 되고 만 것이다.

2024년 여름에도 이와 비슷한 상황이 연출됐다. 압록강을 사이에 둔 북중 접경지역에 역대급 폭우가 쏟아지면서 신의주 등 조선 지역에서도 큰 홍수 피해가 발생했다. 그러자 한국의 몇몇 언론들은 정보 당국을 인용해 실종·사망자가 1,500명에 달하고 구조 작업 중 헬기가 여러 대 추락하는 등 막대한 피해가 발생한 것으로 보인다는 보도를 내놨다.* 그러자 수해 복구에 총력을 기울이던 김정은은 "한국 언론이 피해 사실을 날조하고 있다"라며 "변할 수 없는 적"이라고 강력 비난했다. 이러한 비난이 나온 직후 조선은 또다시 한국을 향해 오물 풍선을 살포했다. 그러자 여러 언론은 '홍수 피해로 북한 민심이 크게 악화되자 대남 도발을 연일 이어가고 있다'는 취지의 보도를 쏟아냈다. 통일부도 "북한이 대규모 수해 피해로 전 사회적 역량을 동원해야 하는 비상 상황에서 비난의 대상을 외부로 돌림으로써 민심 이반을 최소화하려는 의도가 있는 것으로 본다"라며 거들었다.

조선의 도발을 분석·예측하는 단골 메뉴는 또 있다. 바

---

* 이와 관련해 내가 중국의 대북 소식통에게 들은 말은 "큰 홍수가 발생한 건 맞지만, 한국 언론이 보도한 것처럼 피해 규모가 크지는 않다는 것으로 알고 있다"라는 것이었다.

로 한국이나 미국의 선거이다. 2024년 11월 미국 대선을 앞두고도 이러한 패턴은 어김없이 반복되었다. 조선이 미국 대선을 앞두고 7차 핵실험을 할 것이라는 예측은 연초부터 꾸준히 제기됐다. 국정원과 국방부가 앞장서서 이러한 전망을 내놓았지만 미국 대선을 전후해 7차 핵실험은 없었다. 또 조선이 9월 13일 무기급 핵물질인 고농축 우라늄(HEU) 제조 시설을 공개하자, 국내외 대다수 언론과 전문가들은 조선이 미국 대선을 두 달여 앞둔 상황에서 선거에 영향을 미치고 차기 행정부의 관심을 끌어 협상 국면에서 몸값을 올리려고 한다는 분석을 쏟아냈다.

이처럼 국내외에서는 조선의 식량난과 경제난을 상수로 보고 조선에서 사고나 재해가 발생하거나 한국이나 미국에서 선거가 다가오면 일부러 위기를 부추긴다는 판에 박힌 분석과 전망을 쏟아낸다. 하지만 조선의 도발적인 언행의 배경과 의도는 이런 데에 있지 않다. 앞서 언급한 것처럼 조선의 식량과 경제 사정에 어려움이 가중되기는커녕 오히려 개선되고 있고, 2023년 말 노동당 전원회의 및 2024년 초 최고인민회의에서 김정은이 한 연설 가운데 70%가량은 인민 생활과 경제정책에 관한 것이었다. 2023년에 "기적에 가까운 성과"를 거뒀으니 이에 안일해질 것이 아니라 앞으로도 큰 성취를 이뤄내자는 것이 주된 내용이었다. 한국이나 미국을 향한 김정은의 도발적인 언행은 조바심이나 불안감에서 비롯되었다기보다는 자신감을 바탕에 깔고 있다고 보는 것이 정확하다는 뜻이다.

조선의 대남·대미 노선의 적대적인 전환은 '거울 영상 효과'를 연상시킨다. 조선이 한미를 상대로 '눈에는 눈, 이에는 이' 식의 대응을 해왔다는 점도 눈여겨볼 필요가 있다. 한미가 2019년부터 연합군사훈련을 재개하자 조선은 장거리 미사일 발사 유예를 없었던 일로 해버렸다. 2019년 4월부터 한국의 F-35 등 첨단 무기 도입이 가시화되자 조선은 단거리 미사일 시험 발사로 응수했다. 윤석열 정부가 조선을 주적으로 규정하자, 조선도 '남조선'을 대한민국이라고 부르면서 주적으로 규정했다. 윤석열 정부 출범 이후 미국의 전략 자산 전개가 본격화되자 조선도 각종 전략무기 시험 발사에 나섰다. 윤석열 정부가 조선의 9·19 군사합의 일부 위반과 군사정찰위성 발사를 이유로 이 합의의 일부 조항을 효력정지하자 조선은 아예 합의를 백지화해버렸다. 한미가 "북한의 핵 사용 시 김정은 정권을 종말시키겠다"라고 위협하자 조선도 전쟁 발발 시 핵무기까지 동원해 "한국을 초토화시키겠다"라고 위협했다. 윤 정부가 자유민주주의에 기반한 통일을 추구하겠다고 하자 조선은 아예 평화통일 노선을 폐기해버렸다. 한미가 전쟁 발발 시 조선을 무력으로 점령하겠다고 하자 조선도 '유사시 무력 편입론'을 들고 나왔다.

이뿐만이 아니다. 2024년 들어 대북 민간 단체가 전단 살포를 본격화하고 윤석열 정부가 이를 방조하자 조선도 오물 풍선 살포로 맞대응해왔다. 이에 대한 보복 조치로 윤 정부가 대북 확성기 방송을 재개하자 조선도 괴음을 쏟아내는 대남 확성기 방송을 재개했다. 이러한 '눈에는 눈, 이에는 이' 식의 설전과 무력시위의 선후 관계, 그리고 이에 따른 정치·군사적 긴장 고조의 책임 소재에 대해서는 다양한 해석이 가능하다. 그러나 남북이, 혹은 한미 동맹 대 조선이 다투면서 닮아가고 있는 것만은 분명하다. 특히 남북 정부 양측에서 나오는 발언을 주어와 목적어를 바꾸어보면 누가 말한 것인지 헷갈릴 정도이다.

이러한 분석이 조선의 적대적이고 도발적인 언행을 두둔하고자 하는 게 아니라는 것은 물론이다. 기본적인 사실관계까지 외면하면서 조선의 경제난과 민심 이반이 가중되고 있다는 추측을 쏟아내고 김정은의 도발적인 언행의 원인을 거기에서 찾는 것은 문제를 정확히 보는 데에도, 문제를 해결하는 데에도 전혀 도움이 되지 않는다는 점을 강조하기 위함이다. 객관적으로 보더라도 조선의 도발적인 언행은 한국, 혹은 한미(일)의 적대적인 대북 언행에 대한 반응으로 나오는 경우가 많다.

또 하나의 판에 박힌 분석은 조선이 미국의 관심을 끌어 협상력을 제고하거나 한국·미국의 선거에 영향을 미치기 위해 도발한다는 것이다. 하지만 조선은 미국에 협상 시한으로 제시했던 2019년이 지나면서 30년 가까이 최고의 목표로 삼아왔던 대미 관계 정상화의 미련을 접었다. 이로 인해 핵카드의 근본적인 용도도 '대미 협상용'에서 '전쟁 억제력 확보'로 바뀌었다. 그래서 조선의 의도를 대미 협상용으로 분석하는 것은 각주구검刻舟求劍에 불과하다.

미국 고위 관료들의 180도 달라진 발언은 이를 잘 보여주었다. 2022년 초 조선은 하루가 멀다 하고 각종 미사일을 시험 발사했다. 그러자 토니 블링컨 국무장관은 "우리로부터 주목을 받기 위해 미사일 시험 발사를 지속하는 것"이라며 "과거에도 그랬고 앞으로도 계속 그럴 것"이라고 말했다. 그런데 이로부터 1년 후 정반대의 분석이 나왔다. '아시아의 차르'로 불리며 오바마 행정부와 바이든 행정부의 아시아 정책을 총괄한 커트 캠벨은 2023년 1월 국무부 부장관으로 지명된 직후 가진 상원 외교위원회 인준 청문회에서 이례적인 발언을 내놓았다. 그는 "북한의 위험을 줄이기 위한 창의적 방안이 없느냐"라는 질문을 받고 "북한은 미국과의 외교에 더 이상 관심이 없다"라고 답한 것이다. 조선이 미국의 관심을 끌기 위해 툭하면 미사일을 쏘는 것이라고 여겼는데, 그게 아니었다는 것을 인정한 셈이다.

이는 미국의 대북 정책이 '전략적 인내'를 지나 '전략적 혼수'에 빠졌다는 것을 잘 보여준다. 오바마 행정부 중후반과 바이든 행정부 초기의 대북 정책으로 불린 '전략적 인내'는 핵과 미사일을 앞세워 미국의 관심을 끌려는 조선의 시도를 무시하고 대북 제재와 군사적 압박을 강화해 조선의 굴복이나 붕괴를 기다리겠다는 취지를 내포하고 있었다. 하지만 이사이에 조선은 '가난하고 고립된 핵개발국'에서 '가난과 고립을 탈피한 핵보유국'으로 변모하고 있고, 우크라이나 전쟁 등 주요 지정학적 대결 국면에 '다크호스'로 등장했다. 다급해진 바이든 행정부는 조선에 "조건 없는 대화"를 제의하기도 했지만, 이번에는 조선의 무시에 이도저도 못하는 상황에 빠졌다.

조선이 한국이나 미국의 선거에 영향을 미치기 위해 도발하는 것이라는 진단은 어떨까? 조선은 미국 대선에도, 한국의 대선에도 관심을 껐다고 해도 과언이 아니다. 상대의 선거에 관심을 갖는 동기는 관계 중시에서 비롯된다. 그런데 조선은 남북 관계나 북미 관계를 더 이상 중시하지 않는다. 아예 관심이 없을 수는 없겠지만, 자신의 전략 노선에서 한참 후순위로 밀어놓았다. 2020년 11월 미국 대선에서 대북 정책이 주요 쟁점으로 부상했지만, 조선은 철저하게 침묵으로 일관했다. 이는 2016년 대선 당시에는 조선 매체들이 오바마 행정부 때 국무장관을 지낸 힐러리 클린턴 후보에게는 맹비난을 가하고, 도널드 트럼프에게는 기대감을 표했던 것과 확연히 달라진 것이었다.

2022년 3월 한국 대선을 앞두고 얼른 이해하기 힘든 상황이 벌어졌다. 대선이 다가오면서 조선은 연이어 각종 미사일을 시험 발사했다. 그러자 문재인 당시 대통령은 "대선을 앞둔 시기"라는 점을 들면서 "우려"를 표했고, 더불어민주당 대선 후보였던 이재명은 "남측의 정치 지형에 영향을 주고 있고, 특정 진영에 도움이 되는 것이 분명하다는 점을 분명히 지적한다"라며 규탄의 목소리를 냈다. 조선의 미사일 발사로 안보 위기가 고조되면 도움을 받은 쪽은 국민의힘 윤석열 후보였다고 할 수 있다. 그렇다면 조선은 한국의 보수적이고 대북 강경 성향의 대선 후보를 돕고자 미사일을 쏘아댄 것일까? 이러한 해석보다는 조선이 한미일의 군비 증강에 맞서 국방력 강화에 나선 것이라고 보는 것이 정확할 것이다.

정리하자면, '미지의 땅' 조선을 상대로 '카더라 통신'이 난무하고 있다. 탈북자나 브로커의 말을 검증 없이 보도하거나 국정원 등 국가기관이 정치적 필요에 따라 대북 첩보·정보를 왜곡·과장하기도 한다. 조선이 확인해주는 경우도 거의 없을 뿐더러 부인하거나 반발해도 이를 긍정으로 해석하는 경우도 많다. 이러는 사이에 또 하나의 추측이 난무하고 있다. 조선의 우크라이나 전쟁 참전설과 관련해 '얼마나 궁하면 저럴까'라는 진단이 팽배해지고 있는 것이다. 하지만 조선의 참전 동기가 '돈벌이'에 있는지, 보다 큰 '전략적 그림'에 있는지는 차분히 짚어봐야 할 사안이다.

02

윤석열은
왜 그랬을까?

북한을 어떻게 변화시킬 것인가?' 이것은 진보와 보수를 막
론하고 한국이 오랫동안 품어왔던 숙제이다. 이 표현에는 체
제 경쟁에서 대한민국(한국)이 조선을 압도했고, 그래서 우위
에 선 한국이 조선을 어떤 형태로든 변화시키고 남북 관계를
포함한 한반도 정세를 한국 혹은 한미나 한미일이 주도할 수
있다는 자신감이 깔려 있다.

정권의 성향과 관계없이 근래에도 이러한 경향을 발견
할 수 있다. 한국전쟁 발발 70주년이던 2020년 6월 25일 문
재인 당시 대통령은 "우리의 GDP는 북한의 50배가 넘고, 무
역액은 북한의 400배를 넘는다"라며 "남북 간 체제 경쟁은

이미 오래전에 끝났다"라고 말했다. 그러면서 승자가 아량을 베풀듯이 "우리의 체제를 북한에 강요할 생각도 없다"라는 말도 덧붙였다. 2024년 3·1절 기념식 연단에 선 윤석열 대통령은 한국의 발전상을 열거하면서 "여전히 전체주의 체제와 억압 통치를 이어가며, 최악의 퇴보와 궁핍에서 벗어나지 못하고" 있는 "북한"의 현실과 비교했다. 그러면서 "우리의 통일 노력이 북한 주민들에게 희망이 되고 등불이 되어야 한다"라고 역설했다.

그런데 정작 체제 경쟁에서 압승을 거뒀다는 한국의 대북 정책은 효능감을 상실했다. 효능감의 사전적인 의미는 "특정한 상황에서 적절한 행동을 함으로써 문제를 해결할 수 있다고 믿는 신념 또는 기대감"인데, 대북 정책과 관련해서는 '백약이 무효'라는 인식이 강해지고 있다. 사정이 이러하면 기존의 접근과 정책을 성찰할 법도 한데, 관성과 진영 논리에 빠져 각주구검의 오류를 반복하고 있다.

이 와중에 조선은 변하긴 했는데, 한국의 바람과는 정반대로 가고 있다. 비핵화를 요구하고 압박할수록 핵 고도화로 나오고 있다. 한미일과의 대화와 관계 개선을 통해 국제적 고립에서 탈피해야 한다는 주문에는 남방 외교의 문은 굳게 닫고 북방 외교의 문은 활짝 여는 것으로 응수하고 있다. 경제적으로 살길은 남북 경제협력에 있다는 진보의 요구나,

경제제재가 조선을 굴복시키거나 붕괴시킬 수 있다는 보수의 희망을 비웃기라도 하듯 자력갱생과 자급자족으로 경제와 민생을 일으키고 있다. 급기야 '통일을 지향하는 특수 관계'를 걷어차고 '적대적이고 교전 중인 두 국가'를 공식화하려고 한다.

이 짤막한 진단에는 중대한 함의가 담겨 있다. 1990년대 초반 이른바 '북핵 문제'가 불거진 이후 한국 대북 정책의 가장 중요한 목표는 비핵화에 맞춰져왔다. 그리고 조선의 가난과 고립은 비핵화를 달성할 수 있는 강력한 지렛대로 간주되어왔다. 진보든 보수든 조선이 핵무장과 가난·고립 탈피라는 '두 마리의 토끼'를 함께 잡을 수 없다고 여겨왔다. 그런데 현재 조선은 '두 마리 토끼'를 같이 잡고 있다.•

혼수상태에 빠진 대북 정책

효능감을 잃어버린 한국의 대북 정책은 현재 '혼수상태'에 있다고 해도 과언이 아니다. "햇볕정책의 계승"을 자임한 문

• 상세한 내용은 나의 졸저 《한 번도 경험하지 못한 새로운 북한이 온다》, 서해문집, 2023을 참조하라.

재인 정부와 더불어민주당은 햇볕정책을 제대로 발전시키지도, 그렇다고 다른 대안을 내놓지도 못했다. 윤석열 정부와 국민의힘은 어떤가? 한편으로는 자유민주주의로 통일할 수 있을 것처럼 '자유의 북진'을 외치면서, 다른 한편으로는 '북핵의 공포'에 휩싸여 북핵을 막아달라며 미국과 일본의 바짓가랑이를 더 세게 붙잡았다.

냉정하게 보면, 한국의 대북 정책은 초당적으로 실패했다. 민족의 숙원이라는 평화통일은 멀어졌다. 1990년대 이래 대북 정책의 핵심적인 목표인 한반도 비핵화와 평화 체제 구축은 불가역인 핵 시대와 불안한 정전 체제에 자리를 내주었다. 남북 경제협력과 한반도 경제공동체 건설을 통해 유라시아 대륙을 향해 한국 경제의 웅비를 펼치겠다는 꿈도 신기루처럼 사라졌다. 왜 이런 일이 벌어진 것일까? 여러 가지 원인과 배경을 짚어볼 수 있지만, 나는 '보이지 않는 초당적 협력과 국민적 합의'를 들고 싶다.•

정권에 따라 대북 정책이 널뛰기를 하고 대북 정책을 둘러싼 남남 갈등이 극심한 상황에서 이게 무슨 말이냐는 의문이 들 것이다. 그런데 진보 정부든 보수 정부든 한 정책에 있

• 자세한 내용은 정욱식, '탈북한의 상상력: 다시 더 좋은 평화의 시작을 위하여', 《황해문학》 2024년 여름호(통권 123호)를 참조하라.

어서만큼은 무언의 합의와 지속성이 발휘되었다. 바로 국방 정책이다. 표현을 어떻게 하든, 한국의 거의 모든 정권들은 '힘에 의한 평화'를 추구해왔고 국민 여론도 군사 강국을 선호해왔다. 이른바 '진보 정권'은 더했다. 노무현과 문재인 정부의 연평균 국방비 증가율이 각각 8.7%와 7.8%에 달한 반면, 이명박과 박근혜 정부 시기에는 각각 5.5%와 4.0%에 머물렀다. 윤석열 정부도 경제난과 세수 부족에도 불구하고 국방비는 꾸준히 늘렸다.

이는 또 하나의 문제를 낳는다. 대북 정책과 국방 정책을 분리해서 접근하는 경향을 강화시키는 것이다. 남북 화해·협력과 비핵화 및 평화 체제를 추구하더라도 유비무환의 정신으로 군사력과 한미 동맹을 강화해야 한다는 것이 정파를 초월한 상식처럼 통용되어왔다. 문재인이 '평화 대통령'뿐 아니라 '미사일 대통령'으로 불리길 원했던 것에서도 이러한 이중적 사고를 발견할 수 있다.[*] 하지만 국방 정책은 대북 정책과 별개의 것이 아니라 가장 중요한 분야이다. 한반도 문제의 핵심은 바로 군사 문제에 있고, 그 비중은 나날이 커지고 있기 때문이다. 그래서 강력한 한미 동맹과 국방력을 신

- 자세한 내용은《대혼란의 세상, 희망을 찾아서》, 정욱식 외, 롤러코스터, 2024, 29~47쪽을 참조하라.

봉하면서 전향적인 대북 정책을 추진한다는 것은 연목구어와 같은 일이었다.

주목할 점은 조선이 크게 달라지면서 전통적인 의미의 한국의 역할이 거의 없어졌다는 것이다. 유력한 대북 협력 분야였던 대북 지원과 남북 경제협력은 미국 주도의 대북 제재가 워낙 촘촘해 2010년대 중반부터는 매우 어려워졌다. 한국에서 누가 정권을 잡느냐에 따라 유동성도 매우 컸다. 설상가상으로 2019년을 거치면서 조선도 이에 대한 관심을 아예 버렸다. 이는 중도·진보 진영의 대북 접근의 핵심인 '접근을 통한 변화'의 유효기간이 지났다는 것을 의미한다. 대북 제재 역시 조선이 자력갱생과 자급자족을 실현할 수 있는 "좋은 기회"로 삼고, 북러 관계가 밀착되면서 유명무실화되고 있다. 보수·극우 진영이 추구했던 '압박을 통한 변화'도 설자리를 잃었다는 뜻이다.

한국의 대북 정책을 떠받치는 또 하나의 지렛대는 북미 관계의 중재·촉진 역할에 있었다. 그런데 이 역시 크게 달라졌다. 조선이 비핵화를 전제로 하는 미국과의 관계 정상화에 미련을 접은 것이다. 바이든 행정부가 조선에 줄곧 '조건 없는 대화'를 요구해왔는데 조선은 무응답으로 일관한 것이 이를 상징적으로 보여준다. 이로 인해 바이든 행정부는 1990년 이래 조선과 대화를 한 번도 하지 못(안)한 정부로 기록되었다. 이는 한국의 대미 정책에서 가장 중요한 부분이었던 북미 대화 촉구가 설자리를 잃었다는 것을 의미한다. 이에 덧붙여 북미대화가 필요하다면 한국의 중재 없이도 가능해졌다는 것도 달라진 풍경이다. 한반도 문제에 있어서 갑(미국)-을(한국)-병(조선)의 관계가 명확했던 과거와는 달리 이제 조선은 자신도 '갑'이라고 생각한다.

'분단국가', '갈라진 민족'이라는 정체성이 강했을 때에는 한국과 조선의 통일 정책도 매우 중요했다. 그래서 본심과 관계없이 남과 북의 정권은 통일 문제를 둘러싸고 경쟁하기도 했고 대화도 했다. 내부적으로도 통일을 추구하는 정권이라는 점을 강조했는데, 조선이 한국보다 더 심했다. 그런데 이제 김정은 정권은 사실상 '통일 포기' 선언을 하고 내부적으로도 탈통일 사회화를 빠르게 진행하고 있다. 통일이 사라진 자리에는 '우리국가제일주의'라는 정체성이 똬리를 틀고 있다. 김정은 정권이 이러한 선택을 했다고 해서 조선 내부에 큰 동요가 있는 것도 아니다. 이제는 '통일을 위해 노력하고 있다'는 시늉조차 할 필요가 없어진 것이다.

달라진 조선과 무능한 한국이 일으키고 있는 화학작용이 바로 '전쟁 위기설'이다. 내 주변에서도 전쟁 가능성을 걱정하는 목소리를 심심치 않게 들을 수 있다. 그래서 이제는 '북한을 어떻게 변화시킬 것인가'보다는 '한반도 평화를 어떻게 지킬 것인가'라는 숙제가 더 현실적이고 절박해졌다. '통일을 계속 추구할 것인가 말 것인가'라는 논의보다는 적대성을 줄여가면서 평화 공존을 도모하는 것이 더 중요해졌다. 그런데 윤석열 정부의 대북 정책은 역주행을 거듭했다.

이제는 아련한 옛말처럼 느껴지지만, 대북 정책과 관련해 윤석열 정부의 초기 열쇠 말은 '이어달리기'와 '담대한 구상'이었다. 2022년 5월 권영세 당시 통일부 장관은 "기본적으로 대북 정책은 '이어달리기'가 되어야지, 이전 정부를 완전히 무시하고 새롭게 하는 것은 별로 좋지 않다고 생각한다"라고 말했다. 하지만 그 이후 2년 반 동안 윤석열 정부는 문재인 정부로부터 계승·발전시켰어야 할 분야에서는 역주행을 거듭했고, 문재인 정부의 전략적·정책적 착오를 바로잡았어야 할 분야에서는 더 세게 앞으로 내달렸다. 전자의 대표적인 사례는 군사적 긴장을 완화하고 우발적 충돌을 방지하는 데 큰 기여를 한 9·19 군사합의를 백지화한 것이다. 후자는 문재인 정부 시기 남북 관계와 한반도 평화에 부정적인 영향을 미친 한미연합훈련과 대규모 군비 증강에 더 열을 올린 것이다. 또 '담대한 구상'에는 담대함도, 구상도 없었고, 그래서 이젠 사람들의 뇌리에서조차 사라지고 말았다. 그리고 2024년 들어서면서 '북풍 몰이'가 스멀스멀 피어오르기 시작했다.

개의 꼬리가 몸통을 흔든다

정당과 정치인의 최고 목표가 권력을 잡는 데 있다면, 집권 세력의 목표는 권력 유지와 재창출에 쏠리는 경우가 많다. 특히 권좌가 불안해질수록 국민의 시선을 다른 곳으로 돌리려고 불필요한 위기를 조장하는 경우가 있다. 19세기부터 내려온 "개의 꼬리가 몸통을 흔든다$^{Wag\ the\ dog}$(왝 더 도그)"라는 미국의 속담은 이에 딱 들어맞는 표현이다. 널리 쓰이지 않던 이 표현은 1993년에는 소설책, 1997년에는 영화의 제목으로 쓰이면서 널리 쓰이기 시작했다. 사자성어로는 '주객전도^{主客}$_{順倒}$'와 흡사한 뜻을 품고 있다. 당시 미국 대통령이었던 빌 클린턴은 이 표현의 대중적 주목도를 더욱 높여주었다.

1998년 클린턴은 백악관 인턴이었던 모니카 르윈스키와의 성 추문이 불거진 직후 아프가니스탄과 수단에 미사일 공격을 지시했다. 화학무기 공장이라고 주장하면서 폭격을 가했는데, 알고 보니 제약 공장이었다. 클린턴은 이듬해 하원이 자신에 대한 탄핵 절차에 착수하자 이라크를 폭격하기도 했다. 2021년 초에는 미국 군 수뇌부가 임기 막바지에 있었던 도널드 트럼프 당시 대통령의 돌발 행동 가능성에 몸서리쳤다. 대선 결과에 승복하지 않으면서 1·6 의사당 난동 사태를 선동한 트럼프가 핵공격이나 중국을 공격하라는 명령을 내

릴 가능성이 있다고 판단해 대책 마련에 분주했다. 그 중심에는 마크 밀리 합참의장이 있었다. 그는 1·6 사태 이틀 후에 군 수뇌부를 불러 모아 비밀회의를 열고, 트럼프가 핵공격이나 중국에 공격을 감행하라는 명령을 내려도 합참의장인 자신의 지시 없이 실행해서는 안 된다는 다짐을 받아냈다. 밀리는 또 중국군 수뇌부에 전화를 걸어 미국의 공격은 없을 것이라고 안심시켰다고 한다.

가자 지구에서 학살을 방불케 하는 만행을 저지르고 이란·헤즈볼라·시리아 등을 상대로 확전까지 불사해 국제사회의 공분을 사고 있는 베냐민 네타냐후 이스라엘 총리는 현 시기의 대표적인 '왝 더 도그'로 꼽힌다. 각종 비리 혐의와 무리한 사법제도 개악 시도로 심리적 탄핵 상태에 놓인 네타냐후는 권력을 유지하기 위해 가자 전쟁을 고의로 길게 끌고 확전을 도모하고 있다는 의혹을 받아왔다. 조 바이든 미국 대통령도 미국의 시사잡지 〈타임〉과의 2024년 5월 28일 자 인터뷰에서 이러한 의혹에 대해 "많은 사람들이 그런 결론을 내릴 만한 이유가 있다"라고 말해 주목을 끌기도 했다.

이러한 사례에서도 알 수 있듯이 전쟁 등 국가안보 문제는 국면을 전환하는 데 안성맞춤으로 여겨지곤 한다. 언론과 대중의 관심을 다른 곳으로 끌기에는 이만한 선택지도 별로 없기 때문이다. 군사행동은 피아가 분명하고 이를 비판하는 국내 세력을 이적 행위로 몰아붙이기에 용이하다는 점에서 더욱 그러하다. 그래서 궁지에 몰린 지도자가 국가안보를 비롯한 국익을 저해할 수 있는데도 '개인, 혹은 정권의 안보'를 위해 이러한 선택을 하려는 유혹에 빠지곤 한다.

윤석열 정부는 어떠한가? 온 국민과 전 세계를 충격에 빠뜨린 '12월 비상계엄령 사태'는 후술하기로 하고, 먼저 윤석열의 위기와 대북 강경책 사이의 상관관계부터 살펴보자. 공교롭게도 정권, 보다 구체적으로는 대통령 부부가 위기에 처할 때마다 대북 강경책이 기승을 부려왔다. 우선 윤석열 정부는 2023년 7월에 발생한 '채상병 사망 사건'으로 궁지에 몰렸다. 특히 2024년 6월에 들어서면서 대통령실이나 국방부 차원을 넘어 대통령이 직접 개입한 정황이 속속 드러났다. 또한 김건희 여사의 연루설까지 나오고 있었다. 바로 이 시기에 정부는 9·19 남북군사합의 전체의 효력을 정지하는 결정을 내렸다. 조선의 오물 살포, 위성항법장치(GPS) 전파 교란, 단거리 발사체 시험 발사 등을 그 이유로 들었다. 조선의 이러한 행태는 규탄받아 마땅하고 중단을 요구해야 하는 행동이지만, 이것이 9·19 합의를 완전 파기한 필연적인 이유라고 보기는 어렵다. 당시 조선이 한국의 대북 전단 살포 중단이라는 조건을 달아 오물 살포 잠정 중단을 선언했기에 더욱 그러하다. 그런데도 정부는 9·19 군사합의 파기뿐만 아니라 "표현의 자유"를 앞세워 대북 민간 단체의 대북 전단 살포를 조장했다. 판을 키우기로 작심한 것이다.

그리고 실제로 판이 커졌다. 대북 민간 단체가 전단 살포를 재개하자 조선도 오물 풍선을 다시 날려보내기 시작했다. 이에 대한 보복 수단으로 정부는 대북 확성기 방송을 전면 재개했다. 이와 더불어 6월 26일에는 7년 만에, 그리고 "9·19 군사합의 효력이 전부 정지"된 이후 처음으로 "서북도서 해상 사격 훈련"을 실시했다. '한반도의 화약고'로 불려온 서해 북방한계선(NLL) 인근이라는 예민한 지역에서, 조선의 노동당 전원회의를 앞둔 예민한 시기에 실시된 것이다. 우연의 일치인지는 알 수 없으나 이 훈련 역시 시기적으로 채상병 사건과 만났다. 이 훈련을 주관한 김계환 해병대 사령관은 서북도서방위사령부 사령관도 겸직하고 있었는데, 그는 '대통령 격노설'의 복판에 있는 인물이다.

'명태균 스캔들'이 본격화된 10월 들어서도 석연치 않은 일이 발생했다. 조선 외무성이 10월 11일 "한국은 지난 3일과 9일에 이어 10일에도" 무인기를 평양에 침투시켜 대북 전단을 살포하는 "천인공노할 만행"을 저질렀다는 주장을 내놓은 것이다. 이에 대해 김용현 당시 국방부 장관은 국정감사장에서 "그런 적이 없다"라며 부인했다. 하지만 1시간 뒤 국방부와 합동참모본부가 낸 공식 입장은 "확인해줄 수 없다"

로 바뀌어 있었다. 특히 합참은 "최근 일련의 사태에 대한 모든 책임은 비열하고 저급하며 국제적으로 망신스러운 오물 및 쓰레기 풍선 부양 등 도발을 자행하고 있는 북한에 있다"라고 주장했다. 이에 앞서 합참은 조선의 오물 풍선에 "군사적 조치"를 경고한 바 있다. 그 이후 조선은 자체 조사를 거쳐 해당 무인기가 한국군이 백령도에서 보낸 것이라고 주장했다. 이에 대해 윤 정부는 "확인해줄 수 없다"라는 입장을 고수해왔다.

한국군에 의한 것이든 민간 단체에 의한 것이든 무인기의 대북 침투는 정전협정과 유엔사 규정을 위반하는 행동이다. 유엔사의 조사 사항이라는 뜻이다. 그런데 유엔사 조사 결과가 나오기도 전에 국가정보원은 10월 18일 깜짝 놀랄 만한 발표를 했다. 조선이 1만 2,000명 규모의 특수부대를 우크라이나 전쟁에 파병하기로 결정하고 10월 8~13일에 러시아 함정을 이용해 1,500명의 선발대를 러시아 극동 지역에 보냈다는 것이었다. 서방의 군사 지원 확대가 절실했던 우크라이나 역시 조선의 대규모 파병설을 제기하고 있던 차였다. 하지만 정작 미국과 나토는 국정원의 발표 이후 6일 동안 "사실 여부를 확인할 수 없다"라는 입장을 되풀이했다.

이에 따라 국정원이 사실관계가 명확하지 않은 상태에서 서둘러 발표한 의도에 관심이 쏠렸다. 국정원이 발표하기 전날 나토 국방장관 회의에 참석했던 김선호 국방부 차관이 우크라이나가 제기한 조선의 파병설에 대해 "현재까지는 민간 인력 지원 가능성이 있다고 보고 추적 중"이라고 밝혔기에 더욱 그러했다. 그런데 국정원은 10월 18일에 윤 대통령이 주재한 국가안전보장회의(NSC)가 개최된 직후 '북한군 참전 확인' 보도자료를 냈다. 제목부터 '파병'이 아니라 '참전'이었다. 정부가 하루 만에 크게 달라진 정보 판단을 내린 셈이다. 공교롭게도 국정원의 발표는 검찰이 도이치모터스 주가 조작 사건과 관련해 김건희 여사를 불기소 처분하기로 한 다음 날에 나왔다. 이를 통해 윤석열 정권은 두 가지 효과를 봤다. 하나는 무인기 소동에 관한 유엔사 조사가 흐지부지되었다는 것이고, 또 하나는 상당수 언론과 국민의 관심이 조선의 참전설로 이동했다는 것이다.

이후로도 윤 정부는 국면을 전환할 호재를 만난 듯, 연일 강경한 입장을 쏟아냈다. 조선의 파병이 한국 안보에도 치명적인 영향을 줄 것이라고 단정하고 북러 군사협력의 단계에 대응해 살상무기 제공, 참관단이나 전황 분석팀 파병, 조선군 포로 발생 시 국정원의 포로 심문 등을 추진하겠다는 입장을 밝힌 것이다. 정부도 밝힌 것처럼 조선의 파병은 북러 조약에 따른 것이다. 이게 정당화될 수는 없지만, 한국이 동맹국도 아닌 우크라이나에 직접적인 군사지원까지 나서는 것은 과잉 대응이다. 더구나 한국의 간접적인 우크라이나 무기 지원과 한미일의 군사적 결속 강화가 한러 관계 파탄 및 북러의 전방위적 협력 강화의 요인으로 작용했다는 점에서 추가적인 군사 지원은 국익에도 심대한 훼손을 가져올 수밖에 없을 터였다.

판을 키우기로 작심한 윤석열 정권은 남북 대립의 직접적이 피해자가 되고 있는 국민의 호소조차 외면했다. 앞서 언급한 것처럼 '대북 민간 단체의 전단 살포→조선의 대남 오물 살포→한국군의 대북 확성기 방송 전면 재가동→조선군의 대남 확성기 방송 재가동'이 악순환을 형성하면서 그 피해는 휴전선 인근의 주민과 군인들에게 고스란히 전가되고 있다. 많은 주민들은 시도 때도 없어 울려대는 대남 쓰레기 풍선 살포 문자 메시지에 진절머리를 낸다. 접경 지역 주민들은 밤낮없이 들려오는 기묘하고 괴이한 소리에 일상의 평화를 잃었다. 직접적으로 표현하지는 못하겠지만 오물 풍선을 수거하러 다니고 괴음을 들어야 하는 군인들의 고충도 만만치 않을 것이다.

그런데 이건 우리가 자초한 일이나 다름없다. 애초부터 대북 전단을 살포하지 않았거나 정부가 제지했다면. 조선이 대남 오물 풍선으로 유치하고 비열한 보복에 나섰을 때 윤 정부가 대북 확성기를 틀지 말고 대북 전단 살포를 규제했다면. 조선이 괴음 방송을 틀었을 때 대북 확성기 방송이 역효과를 내고 있다는 걸 깨달았다면. 다 조치할 수 있는 일이었다. 그런데도 안 했다. 피해를 호소하는 사람들의 울분이 더 커졌던 까닭도 바로 이 지점에 있다. 정부·여당이 대북 전단과 방송이 조선의 내부 불안을 유도하고 있다는 식의 '정신 승리'를 강변해도 피해자들의 고통은 반감되지 않는다. 왜? 정부가 대책이 있는데도 그저 참으라고 하면서 책임을 방기하고 있기 때문이다.

윤 정부는 김정은 정권이 주민과 병사를 '소모품' 취급한다고 비난해왔다. 이러한 비난이 설득력을 가지려면 솔선수범을 보여야 한다. 그런데 채상병 사건을 조사하는 과정에서 과연 정부와 군 수뇌부가 이런 태도를 보여왔는지는 의문이다. 접경 지역의 주민의 울분과 군인의 말 못할 고충을 대북 심리전의 '부수적 피해' 정도로 취급하는 태도 역시 마찬가지이다. 냉정하게 보면 풍선 살포도, 확성기 방송도 한국이 먼저 시작했다. 이러한 행위는 정전협정과 유엔사의 규정뿐만 아니라 국제 규범도 위반하는 것이다. 그런데도 윤 정부는 막무가내였다.

꼬리가 몸통을 흔들자, 몸통이 꼬리를 잡았다

시대착오적인 '북풍 몰이'로 정권의 위기를 모면하고자 했던 윤석열은 급기야 '12·3 내란 사태'를 일으켰다. 윤석열 정부의 국정 기조는 '자유민주주의'라는 단어로 압축된다. 대외정책에서도 자유민주주의를 위한 '가치 연대'를 내세우고, 대북정책의 목표도 '자유민주주의 통일'이라고 말한다. 국내에서도 자유민주주의 세력과 반국가·공산전체주의 세력 사이의 대결장이 벌어지고 있다고 주장한다. '자유민주주의 대 전체주의의 대결'이라는 이분법적 구도로 국제-남북-국내를 바라보고 있는 셈이다. 그런데 정작 자유민주주의라는 가치는 안으로부터 허물어지고 있다. 내란 사태가 일어나기 전부터 한국에서는 '자유'도, '민주주의'도 나날이 후퇴해왔다. 국제사회의 시선도 다르지 않다.

스웨덴 예테보리대학의 민주주의다양성연구소(V-Dem)가 2024년 3월 7일 발표한 〈민주주의 리포트 2024〉 보고서에 따르면, 한국은 '자유민주주의 지수'에서 179개 나라 중 47위를 기록했다. 이는 2021년 17위에서 무려 30계단이나 추락한 것이다. 특히 이 연구소는 민주주의 하락세가 뚜렷한 42개국을 '독재화Autocratization'가 진행 중인 나라들로 분류했는데, 한국도 여기에 포함되었다. V-Dem은 32개의 자유민주주의 최상위 국가군을 따로 분류하고 있는데, 32개국 가운데 독재화가 진행 중인 나라로 한국이 유일하게 거명된 것이다.

자유의 핵심 지표인 '언론 자유'도 날개없는 추락을 거듭하고 있다. 2023년 5월 3일 '세계 언론 자유의 날'을 맞이해 국경없는기자회가 '세계 언론자유지수'를 발표했다. 한국은 2022년도보다 4계단이 떨어진 47위로 나타났다. 그 이후 윤석열 정부의 언론 검열·통제·탄압이 더욱 강해지면서 하락세는 더욱 강해졌다. 이 단체가 2024년 5월 발표한 언론자유지수에서는 62위로 하락한 것이다. 총 5단계로 분류하는 언론 자유 환경 역시 '양호함'에서 3단계인 '문제 있음'으로 내려왔다. 2020년과 2021년에는 42위를 기록해 아시아 국가 중 언론 자유가 가장 높았던 것과는 확연히 대비되는 현실이다.

이렇듯 정작 국내에서는 가치를 잃고 있는 윤 정부의 가치 외교는 바이든 행정부라는 든든한 우군이 있었기에 가능한 것이었다. 바이든은 세계 질서를 '민주주의 대 전체주의'의 대립 구도로 바라보면서 진영 외교에 몰두했다. 그가 2021년 창설한 민주주의 정상회의가 이를 대표한다. 그런데 윤 정부는 이에 대한 별다른 문제의식이나 국익에 미치는 영향에 대한 판단 없이 바이든의 이분법적 세계관에 그대로 올라탔다. 윤 정부가 2023년에는 공동 주최국으로, 2024년에는 단독 주최국으로 이 회의를 개최한 것은 이를 상징한다. 지금까지 모두 세 차례 열린 회의를 한국과 미국이 각각 한 번씩은 단독 주최국으로, 한 번은 공동 주최국으로 이 회의를 주재한 것이다.

그런데 '가치 외교'에 도통 관심이 없는 트럼프가 돌아왔다. 물론 윤석열과 트럼프는 내치에 있어서는 유사점을 보여주었다. 정치적 반대파에 대한 무자비한 탄압과 독재를 방불케 하는 국정 운영 방식이 바로 그것이다. 1기 트럼프가 선동한 1·6 미 의사당 난동 사태와 윤석열이 일으킨 12·3 계엄 사태는 세계 민주주의 역사에서 '반민주적 폭거'로 기록될 법하다. 하지만 세계를 바라보는 둘의 시선은 크게 갈린다. 윤석열 정부가 민주주의 국가들과는 친분을 강조하고 권위주의 국가들과는 거리를 둬왔다면, 트럼프는 반대로 민주주의 국가들과는 갈등을 불사하고 조선·중국·러시아 등 권위주의 국가들 지도자와는 친분을 강조하고 있기 때문이다.

이 와중에 윤석열은 계엄령 선포로 자유민주주의의 '금지선'을 넘어섰다. 야당의 정부 관료 탄핵 소추와 감액 예산안 추진만으로는 부족하다고 여겼는지, "북한 공산세력의 위협으로부터 자유대한민국을 수호"한다는 것도 계엄 선포의 사유로 들었다. 가히 '왝 더 도그'의 끝판왕이라고 할 수 있다. 하지만 '꼬리가 몸통을 흔들자, 몸통이 꼬리를 잡았다'. 특히 윤석열은 "종북 세력과 반국가 세력을 척결해 자유민주주의를 수호하겠다"라며 비상계엄을 선포했지만, 이번에도 역시 '김건희 보호용'이라는 의심을 지울 수는 없다. 12월 10일 '김건희 특검법' 재표결이 예정되어 있었는데, 여당인 국민의힘에서 이탈표가 많아질 것이라는 전망이 우세했기 때문이다.

또 계엄 선포는 국면 전환용 카드가 고갈되면서 윤석열이 성급히 꺼내든 것으로 해석할 수도 있다. 앞서 언급한 윤 정부의 일련의 대북 강경책은 "북한의 무력 도발"을 초래할 위험이 있었다. 사실 조선은 과거 한국의 전단 살포나 확성기 방송에 "조준 사격"을 시도하거나 실제로 감행한 적이 있었다. 또 2024년 초에는 서해 북방한계선의 "불법성"을 부각하며 해상 국경선을 포함한 영토 조항을 신설하겠다고 밝혔다. 만약 조선이 이런 조치를 취하면 서해는 일촉즉발의 상태에 놓였을 것이다.

만약 이런 문제로 인해 남북 간에 무력충돌이 발생하고 확전 위험에 처했다면, 윤석열은 "전시·사변 또는 이에 준하는 국가비상사태에 있어서 병력으로써 군사상의 필요에 응하거나 공공의 안녕질서를 유지할 필요가 있을 때"라고 주장하면서 계엄을 선포하려고 했을 것이다. 최근 나오고 있는 얘기도 이러한 분석을 뒷받침해준다. 더불어민주당은 군 내부 관계자들로부터 김용현 전 국방장관이 평양 무인기 침투와 "조선의 오물 풍선에 경고 사격 후 원점을 타격하라"라는 지시를 내렸다는 제보를 받았다고 밝혔다. 조사와 수사를 통해 진실을 밝혀야겠지만, 김용현이 조선의 무력공격을 유도해 이를 계엄의 빌미로 삼으려 했다는 의혹은 갈수록 커지고 있다.

하지만 조선은 대북 전단과 확성기 방송에 총포를 동원한 무력 대응이 아니라 오물 풍선과 괴음 방송으로 응수해왔다. 헌법을 개정했다고 하면서도 서해 해상국경선을 포함한 영토 조항의 신설 여부는 밝히지 않았다. 평양 무인기 침투에도 맞대응을 자제했다. 왜 그랬을까? 단초는 7월 8일에 나온 김여정 노동당 부부장의 담화에서 발견할 수 있다. "최악의 집권 위기에 몰려온 윤석열과 그 패당은 정세 격화의 공간에서 '비상탈출'을 시도하고 있다"라며, "끊임없이 안보불안을 조성하고 전쟁 분위기를 고취"하는 이유가 여기에 있다고 본 것이다.

윤 정부가 쥐고 있던 카드는 또 있었다. 앞서 소개한 조선의 참전설이 바로 그것이다. 그런데 이마저도 여의치 않게되었다. 조선군의 참전이 확인되면 살상무기 지원 등에 나설수 있다고 서둘러 발표했다가 트럼프 당선 후에는 신중한 자세로 돌아섰다. 특히 11월 24일 마이크 왈츠 국가안보보좌관 내정자가 트럼프는 "확전과 그것이 갈 방향에 대해 매우 우려하고 있다"라며, "한국은 (러-우 전쟁) 개입을 고려하고 있다"라고 말한 직후에 윤 정부의 신중 모드는 더욱 강해졌다. 무기 지원을 기대하면서 11월 말에 방한한 우크라이나 특사단에게 무기 지원 대신 사회 분야 재건 용도로 쓰일 1억 달러 지원을 약속한 것이 이를 잘 보여준다. 만약 미국 대선에서 우크라이나의 승전을 돕겠다고 했던 카멀라 해리스가 당선되었다면, 상황은 악화 일로를 걸었을 것이다.

한마디로 '웃픈 현실'이 아닐 수 없다. 윤 정부가 대한민국의 "주적"이라고 부른 조선의 무력도발 자제가, 미국 역사상 가장 반민주적인 지도자로 일컬어지는 트럼프의 귀환이, 전시작전권을 미국이 보유하고 있는 한미 동맹의 현실이 '꼬리가 몸통을 흔드는 현실'을 제어한 셈이기 때문이다. 또 "북한 리스크"나 "북한 급변 사태"가 한국 민주주의·경제·안보의 최대 위협인 것처럼 소비되어왔지만, 정작 최대 리스크는 '윤석열'이었고 급변 사태는 조선이 아니라 한국에서 발생했다. 한국을 망하게 할 뻔한 존재가 조선이 아니라 합법적으로 선출된 대통령과 그 일당이었다는 경험이 주는 교훈은 자명하다. 남북 관계의 안정과 한반도 평화의 증진, 그리고 툭하면 '북풍'을 유도하려는 나쁜 관습을 타파하는 것이 복합·다중에 처한 한국의 현실을 바꾸는 데 중대한 과제라는 것이다.

내란 사태를 거치면서 남북관계에 대한 우리의 인식과

태도를 근본적으로 성찰해야 할 필요가 더욱 커졌다. 한국과 조선을 '하나'라는 허상에 가둬둘수록 '왝 더 도그'는 현실에서 끊이지 않는다. 이는 '북한'이 한국에서 소비되어온 방식을 떠올려보면 알 수 있다. 대개 조선이 한국의 최대 위협이라고 하지만, 현실에서는 '한국이 정치적 필요에 따라 불러낸 북한'이 실제 위협이 되는 경우를 종종 볼 수 있다. 또 "북한 정권이 불안해지면 관심을 밖으로 돌리기 위해 도발할 것"이라거나 "한국이 불안해지면 북한이 도발할 기회를 엿볼 것"이라는 말도 숱하게 들어왔다. 하지만 김일성 주석이나 김정일 국방위원장이 사망했을 때도, 한국에서 여러 차례 정치적 급변 상황이 발생했을 때도 조선은 무력도발을 감행하지 않았고, 그러려는 징후도 거의 보이지 않았다. 이처럼 '우리 안의 북한'은 '있는 그대로의 조선'에 비해 훨씬 왜곡된 모습으로 한국에서 강렬하게 소비되어왔다. 이는 거꾸로 한국과 조선이 별개의 존재라는 인식이 뿌리내릴수록 조선이라는 존재를 국내 정치적으로 악용하려는 시도가 설자리가 좁아진다는 것을 의미한다.

윤석열의 계엄 선포 직후 시민의 힘과 국회의 신속한 대처로 전화위복의 계기는 만들어졌다. 많은 이들은 내란 사태가 있기 전까지는 윤석열의 퇴진·탄핵·임기 단축 모두 어려울 것이라며 "견디자"라는 말들을 많이 했었다. 그런데 국면

이 바뀌고 있다. 한반도 문제를 놓고 보면 이번 사태는 박근혜 탄핵과 트럼프의 등장, 그리고 김정은의 폭주가 맞물린 2017년을 떠올리게 한다. 8년이 지난 현재 김정은은 달라졌고 강해졌다. 트럼프는 한층 강해지고 오만방자한 모습으로 돌아왔다. 이들을 상대할 한국의 정부를 제대로 세우는 것이 너무나도 중요해진 것이다. 민주 평화 진영은 단단히 준비해야 한다. 민주주의의 회복력을 발판삼아 한반도 평화를 향한 거보를 내딛을 준비를 해야 한다. 민주주의 위기와 전쟁 위기의 악순환을 끊고, 민주주의 발전과 평화 정착의 선순환을 만들어내야 한다. 훗날 '서울의 밤'이 전화위복으로 기록될 수 있도록 말이다.

03

네 가지 통일론과
두 국가론

통일을 아예 하지 말자는 주장을 제외한다면, 한국의 통일론은 크게 네 가지로 나눌 수 있다. 첫째는 가급적 빨리 통일한다는 목표를 가지고 정책의 주안점을 통일 실현에 맞추는 것이다. 이는 사실상 '흡수통일'을 겨냥한 것으로 김영삼·이명박·박근혜·윤석열 정부의 접근법이라고 할 수 있다. 둘째는 통일은 장기적인 목표로 삼고 우선 화해 협력과 평화 정착을 이뤄내 통일 기반을 닦는 데 힘을 쏟자는 것이다. 이는 '평화통일'을 의미하는 것으로 노태우·김대중·노무현·문재인 정부의 접근법이다. 셋째는 통일은 미래 세대의 선택에 맡기고 우선 남북 관계를 '평화적인 두 국가'로 재설정하는 데 주안

점을 두자는 것이다. 이러한 접근을 역대 정부가 선택한 적은 없지만, 최근 들어 일부 논자들을 통해 조금씩 고개를 들고 있다.

냉정하게 보면 첫째는 몽상에 가깝다. 대다수 국민이 원하는 바도 아닐뿐더러 오히려 남북 간에 적대성만 심화시켜 통일을 더 어렵게 만든다. 둘째와 셋째 사이에는 공통점도 있지만 차이점도 있다. 공통점은 당면 과제로 화해와 협력, 평화를 중시하면서 통일을 훗날의 희망으로 남겨두자는 것이다. 반면 차이점은 그 과정에 있다. 둘째는 통일 실현이라는 목표를 분명히 하면서 '통일 지향적인 특수 관계'와 '과정으로서의 통일'을 중시한다. 이에 반해 셋째는 통일이라는 목표 지향성과 특수 관계론보다는 서로를 국가로 존중하는 데 기반을 둔 '평화적 두 국가론'을 중시한다. 그런데 나는 네 가지라고 말했는데 하나가 빠졌다. 무엇일까?

김정은은 왜 '민주' 정권까지 디스했을까?

김정은은 2023년 말에 개최한 노동당 전원회의에서 "(대한민국) 정권이 10여 차례나 바뀌었지만 '자유민주주의 체제하의 통일' 기조는 추호도 변함없이 그대로 이어져왔다"라며 흡수통일을 시도한 것은 "'민주'를 표방하든, '보수'의 탈을 썼든 조금도 다를 바 없었다"라고 주장했다. 이러한 진단은 조선이 '적대적 두 국가론'을 들고 나온 인식론적 근거가 되었다.

여기서 주목할 점은 김정은이 한국의 보수 정권뿐만 아니라 민주(진보) 정권까지 싸잡아서 비난한 이유가 무엇이냐는 것이다. 일단 남북대화가 본격적으로 시작된 1990년 이래 한국의 역대 정부는 흡수통일을 공식적으로 표방하지 않았다. 하지만 보수 정권으로 분류되는 김영삼·이명박·박근혜 정부가 내심 흡수통일을 도모했다는 것은 부인하기 어렵다. 또 윤석열 정부는 대놓고 흡수통일을 추구했다고 해도 과언이 아니다. 반면 진보 정권으로 일컬어지는 김대중·노무현·문재인 정부는 대북 정책의 핵심적인 기조로 '흡수통일 배제'를 내세웠다. 이러한 맥락에서 볼 때, '민주' 정권도 흡수통일을 도모했다는 김정은의 주장은 지나친 것으로 비칠 수 있다.

그런데 이게 전부는 아니다. 30여 년의 역사를 복기해보면 매우 주목할 만한 현상을 발견할 수 있다. 남과 북은 1992년 발효된 남북기본합의서에서 남북 관계를 '통일을 지향하는 잠정적 특수 관계'로 합의하고 점진적·단계적 통일의 필요성에 공감하기 시작했다. 특히 분단 이후 최초로 열린 2000년 6·15 남북 정상회담에서 "남과 북은 나라의 통일을 위한 남측의 연합 제안과 북측의 낮은 단계의 연방 제안이 서로 공통성이 있다고 인정하고 앞으로 이 방향에서 통일을 지향시켜 나가기로" 합의했다. 이후 노무현·문재인 정부 시기에 열린 남북 정상회담에서도 이러한 기조는 유지되었다고 볼 수 있다. 하지만 1990년대 들어 다른 움직임도 나타나기 시작했다. 한미 동맹의 작전계획과 이를 연습하는 한미연합훈련에 유사시 무력 흡수통일 방안도 포함되기 시작한 것이다.●

당초 한국전쟁 직후에 마련된 작전계획은 조선의 남침 시 조선군을 격퇴하여 38선 이북으로 되돌리는 방어 전략에 초점이 맞춰져 있었다. 이승만 정권은 한국전쟁 이후에도 '북진 통일'을 국시로 내세우곤 했지만, 작전통제권을 유엔사(미국)가 갖고 있었으므로 허상에 가까웠다. 이후 미국은 1973년 '전진 방어 Forward Defense' 전략을 채택해 유사시 조선의 개성까지 점령하는 방향으로 작전계획을 일부 수정했다. 그리고 1992년에 개정한 작계 5027에는 유사시 한미 해병대가 원산 상륙작전을 펼쳐 휴전선을 돌파해 북진에 나선 한미연합군의 보병과 함께 평양을 포위하는 개념이 포함되었다.

1994년 2월 초 북미 간의 핵협상이 교착상태에 빠졌을 때, 한반도 유사시 단시간에 전쟁을 승리로 이끌고 조선을

●   http://www.globalsecurity.org/military/ops/oplan-5027.htm.

군사적으로 통일한다는 '작전계획 5027-94'가 언론에 공개되었다. 이 계획에 따르면 1단계로 신속 전개가 가능한 억제력을 강화하고, 2단계로 조선의 서울 남침을 저지하는 동시에 조선의 후방을 파괴하며, 3단계로 조선의 주요 전력을 격멸시키고 원산 등에서 대규모 상륙작전을 전개한 이후, 4단계로 평양을 고립시키고 점령 지역에시 군사 통치를 실시하고, 마지막 5단계로 한반도를 한미 동맹 주도하에 통일한다는 것이었다.

작계 5027에 또 한 번의 근본적인 변화가 있었던 시점은 1998년이다. 이전의 작계가 주로 조선의 남침을 상정한 것이라면, 5027-98에서는 '전시 무력통일론'뿐만 아니라 '선제공격 전략'을 채택했다는 점이 눈에 두드러진다. 즉 조선이 전쟁을 준비하고 있다는 '확고한 증거'가 포착될 경우 선제공격을 통해 조선의 포병 부대와 미사일, 공군기지 등을 파괴시킨다는 계획이 포함된 것이다. '흡수통일 배제'를 대북 정책의 핵심 기조로 내세웠던 김대중 정부 때 이러한 방향으로 작계가 개정된 것은 특기할 만한 일이었다. 이를 반영하듯 조선은 유엔 안전보장이사회에 항의 서한을 보내는 등 격렬하게 반발했다.

이러한 계획은 국내 일부 언론의 보도, 관계자들의 전언, 미국 군사 전문 사이트인 글로벌 안보^{Global Security} 등을 통해 알

려졌지만 문서를 통해 확인되기도 했다. 2005년 10월 당시 민주노동당의 권영길 의원이 입수·공개한 '한미연합사의 작전기획을 위한 대한민국 국방장관과 미합중국 국방장관의 군사위원회에 대한 전략기획지침'이 바로 그것이다. 2002년 12월 한미 국방장관이 서명한 이 문서 4조에는 "대한민국에 대한 공격을 결정적으로 격멸하기 위해 UNC/CFC(유엔사령부/한미연합사) 작전계획 5027을 수정 및 최신화한다"라며 작전계획의 목표를 △북한군 격멸 △북한 정권 제거 △한반도 통일 여건 조성 등으로 적시했다. 또한 이 문서에는 대북 선제공격 계획으로 알려진 5026, '북한 급변 사태'에 대비한 5029 등도 언급되었다.[•]

'한반도 우발 상황'에 대한 새로운 개념 규정이 포함된 것도 주목할 만한 일이다. 이전까지 5027이 적용되는 '우발 상황'은 조선이 남침을 하거나 확고한 남침 징후가 포착되었을 때를 의미했다. 그러나 미국의 조지 W. 부시 행정부는 미국이 북폭을 단행하고 이에 대해 조선이 보복 공격에 나서는 상황도 우발 상황에 포함시켰다. 이와 관련해 2003년 1월 16일 이준 당시 국방장관의 국회 국방위원회 증언을 주목할 필요가

• 황준호, "한미, 北정권 제거 위한 작전계획 수립", 〈프레시안〉, 2005. 10.10.

있다. 그는 "북한 핵문제가 평화적으로 해결이 안 돼 미국이 북한을 공격할 경우 한반도에서의 전쟁은 불가피하다고 본다"라며 "우리 군은 최악의 상황을 대비해 준비하고 있다"라고 밝혔다. 김대중 정부 말기이자 부시 행정부 초기에 벌어진 일이다.

우발 상황에 대한 개념 정의는 여기서 그치지 않았다. 2008년 이명박 정부 출범 이후에는 '우발 상황'에 북한 급변 사태론도 포함되었다. 2008년 8월 김정일 국방위원장이 뇌 관련 질환으로 쓰러졌다는 소식이 그 계기가 되었다. 한미연합사가 범주화한 '북한 급변 사태'에는 대량 살상 무기 유출, 쿠데타 발생, 대규모 민중 봉기뿐만 아니라 김정일의 유고도 포함되었다. 그리고 한미 동맹은 이러한 조선 내 급변 사태 발생 시 한미연합군을 투입해 조선을 안정화하고 통일을 달성한다는 작계를 수립했고, 이를 언론에 공공연히 흘리기도 했다. 박근혜 정부 들어서는 조선의 핵무기 사용 징후 포착 시 명령권자인 북한 지도자를 제거한다는 '참수작전'이 거론되기도 했다.

이렇듯 작전계획의 공세적인 변화는 진보·보수 정권에 관계없이 이뤄졌다. 세 차례나 남북 정상회담을 했던 문재인 정부도 예외는 아니었다. 참수작전은 주로 박근혜 정부 때 거론되었지만, 그 군사적 능력은 문재인 정부 들어 구비되기 시작했다. 유사시 조선의 전쟁 지도부 제거 임무를 수행하는 특수임무여단은 2017년 12월 1일 창설됐다. 또 조선 지도부 참수작전 및 북핵 선제타격의 핵심 전력으로 거론되었던 F-35 40대의 도입이 결정된 것은 박근혜 정부 때이지만 도입 및 전력화는 문재인 정부가 들어선 후 본격화되었다. 그리고 문재인 정부는 이에 필요한 개념 및 전력도 크게 증강시켰다. 미래합동작전 개념과 입체기동부대 창설이 바로 그것이다. 입체기동부대는 공중에서 투입되는 공정사단, 지상에서 진격하는 기동군단, 해상에서 투입되는 해병대로 구성된다. 미래합동작전의 요체는 유사시 이들을 동시에 투입해 평양을 신속히 점령하는 것이다. 이를 주도한 문재인 정부의 초대 국방장관 송영무는 이러한 능력 및 개념 마련이 자신의 가장 큰 성과라고 말하기도 했다. 참고로 그는 2018년 9월 평양에서 체결한 9·19 남북군사합의의 서명 당사자였다.

　대북 점령을 목표로 한 작계는 한미연합훈련을 통해서도 확인할 수 있다. 연합훈련은 1단계인 방어와 2단계인 반격으로 구분되는데, 2단계 훈련에는 '수복 지역에 대한 안정화 작전'이 포함되어 있다. 문재인 정부 때에도 이러한 성격의 연합훈련은 계속되었는데. 특히 윤석열 정부에 들어선 이후에는 격퇴와 방어보다 조선 정권 제거 및 안정화 작전이 대폭 강화되었다. 2023년 3월에 실시된 '자유의 방패Freedom

^{Shield}’ 연합훈련에서 기존의 ‘격퇴·방어’ 단계를 생략하고 바로 ‘반격 및 북한 안정화 작전’부터 실시한 것 역시 이러한 흐름을 보여준다.[●]

이러한 유사시 대북 점령 계획은 여러 가지 문제점을 안고 있다.

첫째, 이러한 계획은 평시에도 막대한 인적·물적 자원의 투입을 요구하므로 복합적이고 다중적인 위기에 처한 한국 내부 문제를 해결하는 데 필요한 역량을 소진시킨다. 한국이 50만에 달하는 대군과 징병제를 여전히 고수하는 것은 유사시 ‘북한 점령 및 안정화 작전’에 필요한 병력을 확보하기 위한 측면이 강하다. 2025년 기준으로 60조 원을 넘어선 국방비의 상당 부분은 유사시 무력통일 완수에 필요한 무기·장비·훈련·부대 운용에 들어간다.

둘째, 이 계획은 남북 관계에 전혀 도움이 안 될 뿐더러 국제적 현실과도 맞지 않는다. 앞서 언급했듯, 한국이 유사시 무력통일론을 추구하는 것은 ‘흡수통일’이라는 조선의 확증 편향을 강화시켜 ‘적대적 두 국가론’을 고착화시키는 사유로도 작용한다. 또한 정치적 독립과 영토·주권 존중을 원칙으

● 　윤상호·신규진, “한미, 13~23일 ‘北지도부 축출-주민 지원’ 훈련”, 〈동아일보〉, 2023.03.04.

로 삼고 있는 유엔헌장 등 국제 규범의 취지에도 맞지 않는 다. 한국과 조선은 1991년 9월에 유엔에 동시 가입함으로써 국제법적으로는 별개의 주권 국가라고 볼 수 있다. 따라서 한국이 유사시 조선 점령과 통일을 시도할 경우 국제법상으로 큰 논란이 벌어질 것이다. 조선과 동맹 관계인 중국과 러시아가 유엔 안전보장이사회 상임이사국이기에 더욱 그러하다. 아울러 우리의 동맹국인 미국이 이에 동의할지도 불분명하고 설사 동의하더라도 대규모의 지상군을 투입해 조선 점령 및 안정화 작전에 동참할 가능성도 매우 낮다. 미국 내에서는 미군이 피 흘리는 전쟁을 갈수록 기피하고 있기 때문이다.

셋째, 한반도의 지리적 특성 및 조선의 저항 능력과 핵무장 그리고 동맹을 고려할 때, 대북 점령 및 안정화 작전은 '끝나지 않는 전쟁'과 '핵전쟁'을 초래할 가능성이 높다. 조선 영토의 70%가량이 산악 지형이고 전 국토는 요새화되어 있다. 또 정확한 숫자는 알 수 없으나 정규군만 100만 명에 육박하고 예비 병력까지 합치면 수백만 명이 교전 능력을 갖추고 있다. 아울러 조선은 2024년 현재 50~100개의 핵무기를 보유한 데다 이를 투발할 수 있는 다양한 미사일을 보유하고 있다. 그뿐 아니라 매년 5~10개의 핵무기를 추가적으로 생산할 수 있는 능력도 보유하고 있다. 이런 조선을 상대로 유사시 무력 점령을 시도했다가는 조선의 핵사용과 미국의 핵보복이 맞물리면서 핵전쟁으로 비화될 가능성이 매우 높고, 북중·북러 조약에 의해 국제전으로 치달을 위험도 크다.

한편 조선 역시 한국이나 한미 동맹이 침공해오면 반격하겠다는 입장을 줄곧 밝혀왔다. 김정은은 2016년 5월에 개최된 7차 노동당대회 연설에서 "만일 남조선 당국이 천만부당한 '제도 통일'을 고집하면서 끝끝내 전쟁의 길을 택한다면 우리는 정의의 통일 대전으로 반통일 세력을 무자비하게 쓸어버릴 것"이라고 말했다. 2024년 1월에 열린 최고인민회의에서는 "적들이 건드리지 않는 이상 결코 일방적으로 전쟁을 결행하지 않을 것"이라면서도 전쟁이 벌어지면 대한민국을 "핵무기가 포함되는 (…) 모든 군사력을 총동원하여 (…) 단호히 징벌"하고 "공화국의 영역에 편입시키겠다"라고 위협했다. 이랬던 그가 2024년 10월 7일에는 "이전 시기에는 우리가 그 무슨 남녘 해방이라는 소리도 많이 했고 무력통일이라는 말도 했지만 지금은 전혀 이에 관심이 없다"라며 "두 개 국가를 선언하면서부터는 더더욱 그 나라를 의식하지도 않는다"라고 밝혔다.

이처럼 '전시 무력편입론'에 대한 김정은의 발언은 오락가락해왔다. 그 가운데 유감스럽지만 주목할 만한 움직임이 있었다. 2024년 10월 9일 조선의 총참모부가 "9일부터 대한민국과 연결된 우리 측 지역의 도로와 철길을 완전히 끊어버리고 견고한 방어 축성물들로 요새화하는 공사를 진행되게 된다"라고 발표한 것이다. 그리고 10월 15일 경의선·동해선 남북 연결 철도·도로를 폭파하고 그 위에 방어벽을 설치했다. 2023년 11월부터 경의선·동해선 인근 및 화살머리고지에 지뢰 매설, 인근 건물 해체, 비무장지대 일부에 방어벽 설치 등을 진행해오던 데서 한발 더 나아간 것이다.

일반적으로 대북 전문가들은 이러한 일련의 행동들이 남북 관계가 완전히 단절되었다는 것을 명확히 하고 유사시 한미 동맹의 무력통일 시도를 차단하기 위한 것이라고 해석한다. 이와 더불어 다음과 같이 해석할 여지도 있다. 조선이 무력으로 한국을 점령하려면 전차와 장갑차 등을 앞세워 지상군을 대거 투입해야 한다. 그리고 산악이 많은 한반도의 지형과 비무장지대를 고려할 때, 축선에 해당하는 경의선·동해선·화살거리고지 등의 통로를 이용해야 한다. 그런데 조선은 이들 지역에 방어벽을 쌓고 지뢰를 심음으로써 이러한 군사작전이 거의 불가능하게 만들었다. 김정은은 무력통일에 "전혀 관심이 없다"라고 했는데, 이러한 발언을 뒷받침하는 물리적인 조치를 취한 셈이다.

한국의 유사시 무력통일론과 조선의 전시 무력편입론은 '통일 지향적인 특수 관계'에서 가장 폭력적인 양상이다. 조선은 "남조선 혁명론"을 이미 내려놓은 것으로 보이며, 전시 무력편입론에 대해서는 오락가락하는 태도를 보이고 있다. 앞서 설명한 것처럼 한국에서는 진보든 보수든 역대 정부가 모두 무력통일론을 유지해왔는데, 과연 이것이 현명한 선택일까? 한국이 유사시 통일론을 내려놓으면 무엇이 얼마나 달라질 수 있을까? 이에 대한 나의 생각은 8장에서 자세히 다루려고 한다.

두 국가론의 허와 실

김정은 정권의 '헤어질 결심'과 윤석열 정부의 '통일할 결심'이 날카롭게 충돌하고 있던 2024년 가을, 문재인 정부에서 청와대 비서실장을 지낸 임종석의 "통일, 하지 말자. 평화적이고 민족적인 두 국가를 수용하자"라는 발언이 파문을 일으켰다. 그는 2024년 9월 9·19 평양공동선언 6주년 기념식에서 "통일을 꼭 해야 한다는 강박관념을 내려놓자. 통일에 대한 지향과 가치만을 헌법에 남기고 모든 법과 제도, 정책에서 통일을 들어내자"라고 주장했다.

이를 두고 여권과 보수 언론에서는 임종석이 김정은 정권의 주장에 동조한 것이라며 색깔론을 폈지만, 이는 정략적 공격에 지나지 않는다. 김정은은 민족과 통일 개념을 폐기하고 '적대적이고 교전 중인 두 국가'를 들고 나온 반면, 임종석은 '평화적이고 민족적인 두 국가론'을 제안하고 있기 때문이다. 다만 임종석이 더불어민주당 안팎에서 사전에 공감대를 형성하지 않고 불쑥 '두 국가론'을 던짐으로써 생산적인 논의가 있어야 할 자리에 정쟁만 난무하는 현실이 안타깝다. 사실 임종석의 주장이 새로운 것도 아니다. 나를 포함한 여러 사람들이 이전부터 '두 국가론'의 유용성을 따져봐야 한다고 주장해왔기 때문이다.

통일론과 두 국가론은 각기 장단점이 있겠지만, 엄연한 현실부터 직시할 필요가 있다. 오늘날 남북 관계는 퇴행에 퇴행을 거듭하고 있다. 문제의 핵심은 통일 지향적인 특수 관계론이나 두 국가론에 있는 것이 아니라 적대성에 있다. 따라서 우리는 고민과 토론의 지점을 정할 때 특수 관계론에 입각한 '구체제'를 복원하는 데 주안점을 둘 것인지, 지금까지 시도하지 못(안)한 두 국가론에 방점을 찍는 '신체제'를 모색할 것인지 결정해야 한다. 그때 가장 중요한 것은 어느 방향이 적대성을 완화·해소할 수 있는지일 것이다. 그렇다고 반드시 양자택일을 할 필요는 없다. 한쪽의 선택이 다른 한쪽의 미래를 열어줄 수도 있기 때문이다.

일단 특수 관계론을 회복하는 것은 당분간 불가능하다. 관계의 상대방인 조선은 특수 관계론의 기초인 민족과 통일을 지우기에 바쁘다. 조선의 핵무장과 대북 제재가 악순환을 거듭하면서 특수 관계론이 성립할 수 있었던 토대도 크게 유실되었다. 통일의 필요조건 가운데 하나였던 '한반도 비핵화'는 거의 불가능해졌고, 특수 관계론의 핵심이었던 '민족 내부 거래'도 회복 불능 상태에 빠졌기 때문이다.

따라서 다른 경로, 즉 평화적 두 국가론을 우선 추구하면서 특수 관계론을 되살릴 수 있는 방법을 찾는 것이 보다 현실적이고 이롭다. 이러한 주장이 결코 조선의 입장에 동조하거나 현실에 순응하는 것은 아니다. 조선의 노선이 적대성 고착화에 기반을 둔 것이라면 나의 주장은 적대성을 완화·해소하자는 취지를 품고 있다. 또한 현실을 직시하면서 불안하고 불행한 현실을 바꿔보자는 현상 타파적인 취지 역시 담고 있다.

그렇다면 '두 국가론'은 평화적일 수 있을까? 이와 관련해 윤석열은 임종석 등이 제기한 두 국가론을 맹렬히 비난하면서 "북한이 핵공격도 불사하겠다며 '적대적 두 국가론'을 주장하는 상황에서 '평화적 두 국가론'이 과연 가능하기나 한 얘기인가"라고 반문하며 "통일을 포기하면 남북의 갈등과 대립은 더욱 첨예해질 것이고, 한반도의 안보 위험도 더 커질 것"이라고 반박했다. 또 일각에서는 두 국가론이 한미일 대 북중러의 대결 구도를 더욱 심화시켜 영구적인 분단과 전쟁 위기의 심화를 초래할 것이라고 지적한다. 일리 있는 지적이다. 아울러 우리가 특수 관계론을 포기하면 '북한 급변 사태' 발생 시 조선을 중국이나 러시아에 넘겨줄 것이라고 우려해, 정파에 상관없이 결코 통일을 포기할 수 없다는 주장에 동의하는 사람들도 있다.

하지만 생각해봐야 할 지점들이 있다. 문재인 정부를 향한 김정은 정권의 '역대급 환대'가 '근친 증오'로 돌변하면서, 또 김정은의 '헤어질 결심'과 윤석열의 '통일할 결심'이 격렬한 파열음을 내면서 남북 관계의 적대성이 심화되어온 것이 엄연한 현실이다. 즉 한국의 두 국가론 추구 여부와 관계없이 남북의 갈등과 대립은 더욱 첨예해져왔다. 2022년 9월 조선이 핵무력법을 제정해 유사시 선제 핵사용도 불사하겠다는 독트린을 채택하고 양적·질적 핵무력 증강에 매진해온 것도 '두 국가론'과 무관하게 이뤄져왔다. 거듭 말하지만, 문제의 핵심은 적대성에 있지 특수 관계론이나 두 국가론에 있는 것이 아니라는 뜻이다.

한미일 대 북중러의 대립 구도는 남북 관계가 악화되고 주변국들의 지정학적 대결이 첨예해질 때마다 심화되는 경향을 보였다. 특히 남북통일 문제는 항상 지정학적 대립을 심화시키는 주요한 요소로 작용해왔다. 한반도 통일은 동아시아의 중대한 현상 변경을 의미하는데, 한미일과 북중러 모두 자신들이 원하지 않는 방향으로 통일이 이루어지는 것을 경계하면서 이를 결속의 사유 가운데 하나로 삼고 있기 때문이다. 1950년대 초반에는 '한반도 공산화'를 향한 북중소의 전쟁 결심이 동아시아 냉전체제를 고착화한 중대 원인이었다. 1990년대 이래로는 스멀스멀 피어난 '자유민주주의 통일'을 향한 한미일의 결속이 동아시아 신냉전의 주요 원인으로 작용해왔다. 이는 두 국가론이 특수 관계론보다 동아시아 신냉전을 고착화시켜 한반도의 영구 분단과 전쟁 위기 고조를 야기할 것이라는 인식에 물음표를 던지게 한다.

이번에는 '북한 급변 사태' 발생 시 중국이나 러시아가 조선을 합병하는 것을 막기 위해서라도 특수 관계론을 유지해야 한다는 주장을 살펴보자. 이 주장 역시 상당한 무리가 따른다. 우선 조선은 정치·경제·안보·국제 관계 등 각 영역에서 안정화되고 있어 붕괴 가능성이 극히 낮다. 또 '자주'를 국시로 삼아온 조선이 붕괴 위기에 처했다고 영토와 주권을 타국에 넘겨줄 가능성도, 조선 병합이 한미일을 상대로 한 '완충지대'의 상실을 의미한다는 것을 잘 알고 있는 중국이나 러시아가 이런 선택을 할 가능성도 희박하다. 조선이 유엔 회원국으로 국제법상 엄연한 독립국가라는 점도 중요하다. '조선 붕괴=한국의 영유권 주장'이라는 공식은 국제적으로 성립할 수 없다는 이야기이다. 조선의 동맹국인 중국과 러시아가 유엔 안보리 상임이사국들이라는 점에서 더욱 그러하다. 복합·다중 위기에 처한 한국이 통일을 이룰 역량을 갖추지도 못한 것은 물론, 그렇게 하겠다고 만용을 부리는 순간 돌이킬 수 없는 위기로 치달을 것이라는 점도 자명하다. 무엇보다도 조선의 붕괴에서 통일의 희망을 찾는 언사는 남북 관계의 가장 근본적인 문제인 적대성만 심화시킨다. 따라서 한국은 가능성·타당성·실익·역량이 모두 없는 발상을 내려놓아야 할 것이다.

다시 '두 국가론은 평화적일 수 있을까'라는 질문으로 돌아가보자. 두 국가 평화론은 한국과 조선이 유엔 회원국이라는 '망각하고 있지만 엄연한 현실'에서 출발한다. 그리고 평화 공존의 기본도 유엔헌장에서 찾을 수 있다. 주권과 영토 보존 존중, 정치적 독립 존중 및 내정 불간섭 원칙, 분쟁의 평화적 해결, 평화 유지 노력 등이 바로 그것들이다. 이를 통해 알 수 있듯이 평화 공존의 가장 중요한 원칙은 국가성의 인정이다. 물론 국가성 인정이 바로 평화를 보장해주는 것은 아니다. 유엔 회원국들 가운데에는 서로 적대적인 관계에 있거나 전쟁 중인 나라들도 있다. 심지어 수교를 맺고 있는 나라들끼리 이런 상황에 놓여 있는 경우도 있다. 그런데 2024년 초에 김정은은 "조선반도에 병존하는 두 개 국가를 인정"한다면서도 한국을 '제1의 주적'이라고 못 박고 있지 않은가.

따라서 평화적 두 국가론은 주어진 길이 아니라 개척해야 할 길이다. 핵심은 특수 관계론이 품고 있는 상호 불인정과 적대성을 하나씩 해소해나가는 것이다. 유엔헌장을 비롯해 한국과 조선이 가입한 국제 규범은 그 기초가 될 수 있다. 특수 관계론에 입각한 '북한'이라는 호칭보다 공식 국호인 '조선민주주의인민공화국(조선)'이라고 부를 때 적대성의 완화와 대화의 가능성은 높아진다. 남북 모두 유엔 회원국이라는 자각은 특수 관계론의 법적 토대인 국가보안법 폐지와 헌법 개정 논의에도 활력을 불어넣을 수 있다.

　여기서 국가보안법과 헌법의 영토 조항 문제를 짚어볼 필요가 있다. 우리는 워낙 익숙해져 있어 당연하게 받아들이는 사람이 많지만, 조금만 생각해봐도 이게 정상이라고 보기는 어렵다. 우선 국가보안법은 사상·양심·표현의 자유를 근간으로 하는 자유민주주의 체제와 어울리지 않는다. 이 대목에서 우리는 한국 보수의 모순을 발견할 수 있다. 보수는 틈만 나면 자유민주주의 정신을 강조하지만, 이 정신과 부합하지 않는 국가보안법의 개폐는 한사코 마다한다. '반국가 단체인 북한'이 우리의 자유민주주의를 위협한다는 이유를 들지만, 정작 이 법에 의해 피해를 입는 사람들은 바로 우리 국민이다. 한편 국가보안법은 국제적 기준과도 맞지 않는다. 유엔 인권위원회는 이 법에 인권 침해 요소가 크다며 개폐를 권고해왔다. 심지어 동맹국인 미국의 국무부조차도 그래왔다. 무엇보다도 한국과 조선은 동등한 유엔 회원국인데, 한 회원국이 다른 회원국을 법률적으로 '반국가 단체'로 규정하는 것 자체가 극히 예외적이다. 국가보안법의 헌법적 근거라고 할 수 있는 영토 조항 역시 마찬가지이다. 한 유엔 회원국이 다른 회원국을 자국의 영토라고 헌법에 명시한 나라는 한국 말고는 찾아보기 어렵다. 세계를 향해서는 '글로벌 스탠더드'를 강조하면서 남북 관계에서는 이를 외면해온 우리의 자화상을 이제는 돌아보아야 한다.

휴전선을 가로지르고 있는 양측의 전단·오물 살포 행위와 확성기 방송도 국제 규범에서 해결책을 찾을 수 있다. 물론 국제 규범과 별개로 이러한 행위들은 마땅히 중단되어야 한다. 동시에 적대성과 특수 관계론이 강하게 투영된 이러한 행위들은 유엔헌장을 비롯해 유엔의 시민적·정치적 권리에 관한 규약과 국제민간항공협약(ICAO), 그리고 생물다양성 협약 등에도 저촉된다. 한국과 조선은 이들 국제 규범에 모두 가입해 있다. 현재 기존의 남북 관계가 무너진 상황인 만큼, 상호 존중과 분쟁 예방의 기초를 국제 규범에서 찾을 수 있다는 주장은 이러한 맥락에서 나오는 것이다. 특수 관계론의 가장 폭력적인 발현이라고 할 수 있는 '한국의 유사시 무력통일론'과 '조선의 전시 무력편입론' 모두 유엔헌장에 위배되는 만큼, 두 나라가 이를 내려놓는 것도 공론화해볼 수 있다.

두 국가론으로 방향을 잡을 경우 북핵 문제는 어떻게 다룰 것인가에 대한 문제도 피할 수 없는 사안이다. 한국이 두 국가론으로 방향을 잡고 조선이 두 국가론에서 적대성을 배제시킨다고 해서, 그리고 양측이 평화 공존에 합의한다고 해서 조선이 바로 비핵화를 선택할 가능성은 거의 없다. 마찬가지로 한국도 대규모 군축을 단행하거나 한미 동맹과 한미일 군사협력을 크게 약화시키지 않을 것이다. 따라서 남북 평화 공존론은 현실적으로 당분간 '힘(억제)에 의한 평화'와 '관계 개선에 의한 평화'가 병행될 수밖에 없을 것이다.

한국의 극우·보수 진영에서는 북핵 문제의 궁극적인 해법이 '북한 민주화'나 '북한 정권 붕괴 및 자유민주주의로의 통일'에 있다고 주장해왔다. 이런 주장은 조선의 핵무장 동기 가운데 하나로 작용해왔다. 이에 반해 두 국가론은 한반도 핵문제 해법에 있어서도 새로운 상상력을 가능케 한다. 특수 관계론이 강하게 묻어 있는 비핵화를 내려놓고, 국가 대 국가의 관계 차원에서 한반도 혹은 동북아 비핵무기 지대를 공론화해볼 수 있기 때문이다. 이에 대해서는 8장에서 자세히 다룰 것이다.

이러한 점들을 종합해볼 때, 구체제를 복원하는 것보다

는 신체제를 도모하는 게 낫다. 그렇다고 구체제의 숙원, 즉 평화통일을 영구적으로 포기하자는 뜻은 아니다. 이는 후세대의 몫으로 남겨두는 것이 현실적이면서도 바람직하다. 기성세대에게는 평화통일을 실현할 수 있는 역량도 없고, 그렇다고 통일을 포기할 권리도 없다. 나를 포함한 기성세대가 해야 하고 할 수 있는 '최대치'는 남북 관계의 적대성을 최대한 해소하고 평화 공존의 질서를 만들어내는 것이다. 그래서 미래 세대가 지금보다 나은 조건과 환경에서 한반도의 미래를 설계할 수 있도록 도와주어야 한다.

다 버려야 한다, 햇볕정책까지도

트럼프의 귀환을 계기로 국내 북한 전문가들 사이에서는 우리의 대북 정책을 포함한 대외 정책의 전환을 요구하는 목소리가 높아지고 있다. 달라진 김정은의 대두와 강해진 트럼프의 귀환, 그리고 지정학의 급변은 만만치 않은 도전을 예고하고 있기 때문이다. 그러므로 모든 것을, 즉 대북 정책의 대표적인 모범 사례로 일컬어져온 햇볕정책까지도 내려놓고 백지상태에서 시작해보자는 자세가 중요하다.

먼저 한반도 문제에 있어서 이상(목표)과 현실 사이의 극단적인 불일치부터 짚어보자. 1991년부터 추구해왔던 한반도 비핵화는 북핵과 미국의 핵이 날카롭게 대립하는 '거의 불가역적인 핵시대'에 자리를 내주었다. 남북 경제협력과 한반도 경제 공동체 건설을 통해 유라시아 대륙으로 한국 경제의 날개를 활짝 펼치려는 꿈도 신기루처럼 사라졌다. 정전 체제를 끝내고 평화 체제를 구축하자는 목표 역시 정책은 물론이고 담론의 영역에서조차 찾아보기 힘들어졌다. 북미·북일 수교를 촉진해 한반도는 물론이고 동북아의 평화도 도모하자는 구상 역시 동북아의 신냉전 기운에 가로막혀 있다. 급기야 통일 지향적인 특수 관계론마저 적대적인 두 국가론에 자리를 내줄 위기에 처했다.

남북 관계와 한반도 평화 프로세스가 이렇게 폭망한 것이 2019년 2월 '하노이 노딜'과 2022년 5월에 출범한 윤석열 정부의 폭주 탓만일까? 진영의 안경을 벗고 보면 꼭 그렇지만은 않다. 문재인 정부는 '북미 관계만 잘 풀리면 될 것'이라는 생각과 기대에 경도된 나머지 문 정부의 언행이 남북 관계에 미칠 영향에는 둔감했다. 이로 인해 2018년에 문재인 정부에 '역대급 환대'를 보였던 김정은 정권이 2019년 들어 '근친 증오'를 품었던 사유를 몰랐거나 모르는 척했다.

그래서 햇볕정책의 계승·발전을 자임했던 사람들의 통렬한 반성이 필요하다. 햇볕정책은 선경후정先經後政, 선이후난

先易後難, 선민후관先民後官, 선공후득先供後得 등의 사자성어로 표현되어왔다. 각기 개별적인 뜻도 있지만, 한 문장으로 요약하면 이렇다. '민간이 먼저 나서고 정부가 밀어줘 어려운 북한을 돕고, 상대적으로 쉬운 경제협력을 통해 보다 어렵고 까다로운 정치 군사 문제 해결을 도모해 북한의 군사적 위협을 해소하자.' "경제와 평화의 교환 전략"이라고 불린 이러한 전략은 김대중 정부 시기 남북 관계와 한반도의 현실을 잘 반영해 적지 않은 성과를 내기도 했다.

여기서 '후정'과 '후난', 그리고 '후득'의 핵심은 군사 문제에 있었다. 그러므로 김대중 후임 정권은 군사 문제의 해결을 도모하거나 이를 위한 토대를 닦았어야 했다. 하지만 그렇게 하는 대신 대규모 군비 증강을 선택해 오히려 군사 문제 해결의 문턱을 높이고 말았다. 전환의 기회가 없었던 것은 아니다. 2010년대에 조선의 핵·미사일 개발과 강도 높은 대북 제재의 악순환이 거듭되면서 남북 경협 재개가 매우 어려워졌다. 이러한 상황에서 만난 문재인과 김정은은 '선정후경先政後經'으로 방향을 틀었다. 4·27 판문점 선언과 9월 평양공동성명에서 군사 문제 해결이 경제협력보다 앞에 배치된 것도 이러한 맥락에 기인한 것이다. 특히 정상회담 합의문에 처음으로 "단계적 군축" 추진이 포함되기도 했다. 하지만 합의문의 잉크가 채 마르기도 전에 문재인 정부는 사상 최대 규모의 군비 증강을 단행했다.

'가난하고 고립된 북한'이라는 인식과 접근은 햇볕정책의 박제화로 이어졌다. 김대중의 햇볕정책은 시대적 상황을 반영한 '일시적 표현'으로 봐야 한다. 그의 철학과 정신은 화해·협력과 평화 정착, 교차 승인의 완성과 점진적 통일에 있었다. 이것이 햇볕정책으로 표현된 이유는 김대중 정부 출범 이전에 흡수통일론이 맹위를 떨치고 있었고, 한미일의 대북 정책이 관여보다는 압박에 치중되어 있었으며, 조선이 "고난의 행군"이라고 지칭될 정도의 대기근과 국제적 고립에 시달리고 있었기 때문이다. 그래서 '지원과 접촉을 통한 변화'가 성립할 수 있었고, 성과도 있었다.

하지만 김대중 이후 정부의 햇볕정책에 대한 교조적인 접근은 달라진 현실을 제대로 반영하지도, 퇴행적인 현실을 바꾸지도 못했다. 그 중심에는 기존의 경제난과 식량난에 대북 제재 강화와 코로나 대유행까지 더해지면서 조선의 경제와 민생이 더욱 어려워졌다는 인식과 '한국의 도움을 원할 것'이라는 확신이 있었다. 그러나 이러한 접근 방식은 한국의 지원이나 남북 경협을 더는 우선시하지 않고 스스로의 힘으로 난관을 극복하겠다는 '달라진 조선'의 노선과 어울리지 않았다. '북한이 어렵고 그래서 우리의 도움을 필요로 할 것'이라는 자기확신은 남북 정상회담과 북미 정상회담에서의 합의 사항에 대한 둔감함으로 이어졌다. 대표적인 예로 문재인 정부가 역대급 군비 증강과 한미연합훈련을 지속한 것을 들 수 있다. 김정은이 코로나 백신 지원이나 개별 관광과 같은 경제협력 사업은 "비본질적인 문제"라며 "근본 문제", 즉 한국의 첨단 무기 도입과 한미연합훈련의 문제를 제기해도 상황은 달라지지 않았다.

민주 평화 진영의 '가난하고 고립된 북한'이라는 고착된 인식과 접근법은 조선이 '적대적 두 국가론'을 들고 나와도 크게 달라지지 않고 있다. 여전히 조선이 핵과 미사일의 양적·질적 증강에 매달리고 한국과의 관계 단절을 계속하면 또다시 경제난에 처할 것이라고 진단한다. 조선이 특수를 누려온 '러시아-우크라이나 전쟁'도 언젠가 끝날 것이고 그렇게 되면 특수가 사라질 것이라고도 한다. 이를 근거로 김정은 정권이 생각을 바꿔야 한다거나 조선의 상황이 바뀔 것에 대비해야 한다고 말한다. 하지만 조선은 경제발전에 있어서도 만만치 않은 성과를 내고 있고, 설사 다시 경제난에 처한다 해도 과거로 돌아갈 가능성은 매우 낮다. 그런데도 조선의 경제난을 상수로 보면서 기회를 엿보는 태도는 정작 우리가 무엇을 성찰하고 무엇을 바꿔야 하는지를 성찰할 수 없게 만든다.

그럼 햇볕정책을 버려야 할까? 나는 사즉생死即生의 정신으로 철학과 의지를 빼고는 명칭을 포함해 모두 버려야 한다고 생각한다. 김대중의 대표적인 어록인 "서생적 문제의식과 상인의 현실감각"은 현실 타파적인 목표도 냉철한 현실 인식에 기반해야 한다는 것을 의미한다. 현재 대북 정책의 조건과 환경은 햇볕정책을 추진했던 시기와는 확연히 달라졌다. 특히 대북 정책의 상대인 조선이 달라져도 너무 달라졌다. 또 대북 정책의 공조 대상인 미국도 크게 달라지고 있다.

햇볕정책을 버리면 대안이 있을까? '우리 안의 북한'을 내려놓고 '있는 그대로의 조선'을 상대하자는 '탈북한'과 나부터 이롭게 하면서 관계도 이롭게 할 수 있는 '이기이관利己利關'의 접근이 필요하다. 이러한 신조어에는 몇 가지 문제의식이 발현되어 있다. 첫째, 우리는 "북한의 변화"를 위해 너무나도 많은 유무형의 자원을 소비해왔는데, 정작 조선은 우리가 원하는 것과는 반대 방향으로 변했다는 '냉정한 현실'이다. 둘째, 한국이 '내 코가 석 자'일 정도로 너무나도 심각한 복합·다중 위기에 처하고 있다는 '우울한 현실'이다. 셋째, 이 두 가지가 맞물리면서 햇볕정책이든 강풍정책이든 기존의 대북 정책이 종언을 고했다는 '정책적 현실'이다. 넷째, 그렇다고 이대로는 살 수 없으니 뭔가 새로운 대안을 모색해야 한다는 '절박한 현실'이다.

이들 네 가지를 관통하는 문제가 있다. 바로 맹목적인

군사주의이다. 대북 정책의 핵심적인 목표가 비핵화를 포함한 "북한의 군사적 위협 해소"인데, 정작 한국은 비약적으로 군사력을 강화해왔다. 민생 수요가 크게 증가하고 있는데도 국방비는 하늘 높은 줄 모르고 치솟고 있고, 방위산업의 일자리 창출 효과가 극히 저조한데도 많은 사람들은 'K-방산'에 도취되어 있다. 진보와 보수의 대북 정책이 큰 차이가 있는 것처럼 간주되지만, 실제로는 햇볕정책을 계승한다던 정권들이 군비 증강에 더 몰두해왔다. 한국의 군사력은 역대 최강으로 강해지고 있는데 정작 안보 불안은 더 커지고 있다.

이러한 현실을 직시하면 문제의 해법도 찾을 수 있다. 그 출발점은 여러 위기가 연결되어 있다는 자각에 있다. 우리는 이러한 자각을 토대로 한국의 위기를 해결하려는 노력이 남북 관계 개선과 한반도 평화에도 기여할 수 있다는 '융합적 사고'의 토대를 마련해야 한다. 그리고 그 사고의 중심에 군비 통제와 축소를 두어야 한다. 대규모 군비 증강을 하면서 군사적 신뢰 구축을 도모했던 과거의 '이중적 사고'와 결별하고, 이제는 군비 통제와 축소가 '연결된 위기'를 완화·해결하는 데 어떻게 기여할 수 있는지 따져봐야 한다.

당연한 말이지만, 2025년에 60조 원을 넘어선 국방비를 제한할수록 나날이 악화되는 민생 분야에 투입할 수 있는 재원은 늘어난다. 50만에 달하는 병력 수를 줄일수록 인구 급감 시대에 대처하고 적응할 수 있는 역량을 키울 수 있다. 압도적으로 세계 최대 규모인 한미연합훈련을 비롯한 군사 연습을 줄이면 탄소 배출과 환경오염도 줄어든다. '이게 우리에게 이로운 건 알지만, 북핵이 있는데 가능하겠느냐'는 반문이 제기될 것이다. 하지만 '북한 급변 사태' 발생 시 흡수통일을 하겠다는 생각, 전쟁이 벌어지면 무력으로 통일하겠다는 생각을 내려놓으면 얼마든지 가능하다. 기실 이러한 통일몽이 얼마나 자해적이고 소모적인 발상인지는 차분히 생각해보면 쉽게 알 수 있다. 또 이러한 선택은 대북 억제력을 굳건히 하면서도 남북 관계 개선과 한반도 평화를 도모할 수 있는 가능성도 잉태하고 있다.

'접근을 통한 변화'를 도모했던 햇볕정책의 유효기간은 끝났다. 이제는 '변화를 통한 접근'으로 바꿀 때이다. '북한을 변화시키겠다'는 강박관념을 내려놓고 우리의 위기를 해결할 수 있는 변화부터 모색할 때이다. 그 변화가 나부터 이롭게 하면서 관계에도 이로울 수 있다면 공론화해볼 가치는 충분할 것이다. 다른 분야들은 꽉 막혀 있으면서 정치·군사적 긴장만 고조되고 있는 현실은 군사 문제 해결에 집중할 수 있는 역설적인 기회이기도 하다. 세계 5위권에 도달한 한국의 군사력은 이기이관의 정신으로 군비 통제와 축소를 적극적으로 고려할 수 있는 물리적인 토대이다. 이제 필요한 것은 용기와 지혜라는 뜻이다.

'조선'이라고 부르면서 시작해보면 어떨까?

개인적인 일화로 시작해보자. 내 이름은 정욱식이다. 그런데 초등학교 6학년 때까지는 정욱제였다. 한자로 내 이름을 본 6학년 담임 선생님이 졸업 무렵에 "이건 '제' 자가 아니라 '식' 자"라고 하셨다. 할아버지가 나의 출생을 신고하실 때 '제提'로 쓰셨는데, 동서기가 '식湜'으로 잘못 옮겨 적은 것이다. 하루아침에 '욱식'이 된 셈인데, 친구들이 '육식'이라고 놀리는 경우가 종종 있었다. 친한 친구면 그냥 넘어갔지만, 사이가 안 좋은 녀석이 그렇게 부르면 다툼이 벌어지곤 했다.

"조선민주주의인민공화국, 줄여서 조선이라는 호칭이 있는데 왜 북한이라고 부릅니까?" 예전에 대중 강연을 할 때, 간혹 참석자들로부터 받았던 항의성 질문이다. 이 질문 속에는 진정한 남북의 화해와 평화를 추구하기 위해서는 정명正名부터 사용할 줄 알아야 한다는 조언도 담겨 있었다. 하지만 나는 줄곧 '북한'이라는 표현을 고수했다. 질문을 주신 분에게도 "취지는 이해합니다만, 안 그래도 제가 친북·종북으로 비난을 받는 경우가 많은데, 조선이라고 쓰면 사람들의 편견

이 더 강해질 것 같아서 북한으로 부릅니다"라며 이해를 구했다. '북한'이 입에 붙다보니 북측 사람을 만났을 때 실수한 경우도 있었다. 남과 북의 사람들이 접촉·대화할 때에는 서로를 향해 '남(측)'과 '북(측)'이라고 부르는 게 원칙이었다. 하지만 나를 포함해 남측 사람들이 '북한'이라는 표현이 입 밖으로 나오곤 했었다. 남북 관계가 괜찮을 때에는 그냥 넘어가곤 했지만, 관계가 나쁠 때는 북측 사람이 강하게 항의하는 경우도 있었다.

남북 관계의 '폭망'이 확연해진 2023년 7월부터 북측에서는 남측을 향해 '남조선'이 아니라 '대한민국', '한국'이라고 부르기 시작했다. 그러면서 자신을 향해서도 "조선민주주의인민공화국(조선)이라고 불러달라"라고 요구했다. 이때 나는 결심했다. '이게 그렇게 어려운 일일까? 나부터라도 조선이라고 부르자.' 그리고 2024년 4월 22일 자 〈한겨레〉 칼럼에 "북한, 이제 '조선'이라고 부르면 어떨까요?"라는 제하의 글을 시작으로 '조선'이라고 불러왔고, 앞으로도 그러려고 한다.• 다만 다른 사람이 북한이라고 쓴 표현을 인용할 때에는 그대로 쓴다.

대화는 서로 얘기를 나누는 것인데, 제 이름을 불러주지 않으면 그 대화가 순조롭게 시작될 수 있을까? 많은 심리학자들은 상대방의 언행을 바꿀 수 있는 가장 효과적인 방법으로 '공감'을 꼽는다. 따라서 우리가 '북한'이라는 명칭을 고수하면 조선 사람들은 공감은 고사하고 반감부터 갖게 될 것이다. 각종 스포츠 대회에서 조선 팀 감독이 한국 기자가 '북한'이라고 표현하면서 질문하면, 이에 강력히 항의하면서 답변을 거부한 것에서도 이를 알 수 있다.

2023년 9월 개막한 '2022 항저우 아시안게임'에서 한국과 8강전을 치른 조선의 여자 축구 대표팀 감독 리유일은 경기 후 진행된 기자회견에서 한국 기자가 '북측'이라고 표현하자 이렇게 말했다. "북측이 아니고 조선민주주의인민공화국입니다. 시정해주세요. 그러지 않으면 답하지 않겠습니다." 이듬해 2월에 있었던 파리 올림픽 여자 축구 아시아 최종 예선 일본과의 경기를 앞두고 열린 기자회견에서 리 감독은 "북한 여자 축구 대표팀의 힘이 어디서 나오는지 궁금하다"라는 한국 기자의 질문을 받았다. 그러자 그는 "아니다. 미안한데, 국호를 정확히 부르지 않으면 질문을 받지 않겠다"라

- 내가 이러한 문제의식을 제일 먼저 제기하면서 '조선'이라고 쓰자고 제안한 것은 아니다. 일례로 박명림 연세대 교수는 2020년 1월 15일 자 〈중앙일보〉 칼럼에서 '한국과 조선: 남북 관계에서 한·조 관계로'라는 제하의 칼럼에서 "실제와 현실에 존재하지 않는 북한과 남조선을 의제하여 남북 관계로 접근하기보다는 대한민국(한국)과 조선민주주의인민공화국(조선)으로 각자 존재하고 서로 대면하는 게 바른 길"이라고 역설한 바 있다.

고 말했다.

호칭을 둘러싼 혼란과 어색함은 2024년 파리 하계 올림픽에서도 거듭 확인할 수 있었다. 황당한 실수는 개막식부터 나왔다. 한국 선수단이 입장할 때 장내 아나운서가 프랑스어로 'Republique populaire democratique de corée'라고 말했고, 이어 영어로 'Democratic People's Republic of Korea'로 표현했다. 그러자 국내 언론은 대한민국을 '북한'으로 잘못 불렀다고 일제히 보도했다. 그런데 엄밀히 말해 이러한 보도도 정확한 것은 아니다. 주최 측이 큰 실수를 한 것은 분명하지만, 잘못 호명된 국호는 '북한'이 아니라 '조선민주주의인민공화국'이었기 때문이다. 이에 앞선 2월에 한국이 쿠바와 수교하면서 대다수 언론은 "유엔 회원국 가운데 한국의 미수교국은 시리아만 남았다"라고 보도했다. 이게 맞는 것일까? 나는 챗GPT에게 물어봤다. 시리아와 함께 "조선민주주의인민공화국도 대한민국의 미수교국"이라는 답이 돌아왔다. '북한'은 우리 사회에서 과잉 소비되고 있는데, '조선'은 없는 존재처럼 여기고 있는 것은 아닐까?

30년 전에 있었던 일이다. 1995년 한국기자협회, 전국언론노동조합, 한국PD연합회는 '평화통일과 남북 화해 협력을 위한 보도 제작 준칙'을 제정하면서 1항에 "상대방의 국명과 호칭을 있는 그대로 사용함을 원칙으로 한다"라고 규정했다. 당시의 남북 관계도 오늘날 못지않게 좋지 않았고, 김영삼 정부는 노골적으로 흡수통일을 추구했다. 이러한 상황에서 언론이 정명을 사용하자고 뜻을 모은 데에는 이것이 위기에 처한 남북 관계를 회복하는 데 기여할 수 있다는 판단이 깔려 있었다. 그러나 이 규정은 30년 가까이 제대로 지켜지지 않고 있다.

스포츠를 비롯한 여러 국제 행사에서 확인할 수 있는 것처럼, 한국과 조선의 만남이 완전히 사라질 수는 없다. 코로나19 대유행이 지나면서 조선도 국제대회 출전 빈도를 높여 나가고 있다. 하지만 한국 언론이 '북한'이나 '북측'이라는 표현을 고수하면, 모처럼의 만남은 냉기만 내뿜는 자리가 되고 말 것이다. 반면 한국 언론이 '조선'이라고 표현하면 적어도 대화의 끈은 이어갈 수 있다. 조선 선수단이 답변을 거부할 명분이 없어지기 때문이다. 그래서 한국 기자가 조선 선수단에 궁금한 것을 물어볼 수 있고 언론을 통해 우리 국민도 답변을 들을 수 있게 될 것이다. 기자회견장에서 냉기가 사라지면 선수단 사이의 만남도 부드러워질 수 있다.

개인적으로 조선이라는 표현을 쓴 지 1년 가까이 지났다. 생경하다, 거북하다는 반응도 있고, 조선 왕조 혹은 언론사인 〈조선일보〉와 헷갈린다는 반응도 있다. 내가 쓴 글에 "북한에 가서 살라"거나 "역시 종북주의자답다"라는 비난 댓

글도 많이 달린다. 하지만 공감하면서 자신도 조선이라고 쓰겠다고 하는 사람도 종종 볼 수 있다. 이 책에 담은 새로운 대북 정책의 방향은 '변화를 통한 접근'에 있다. 나는 그 출발점이 '조선'이라고 부르는 데 있다고 말하고 싶다. 이 표현에 생경함이나 거부감이 줄어들수록 변화를 통한 접근에 한걸음씩 다가설 수 있기 때문이다.

04

김정은과 푸틴이
손잡다

2010년대 후반 김정은과 트럼프는 전 세계의 시선을 끈 '브로맨스'의 주인공이었다. 이들이 연출한 드라마는 처음에는 등골이 오싹해지는 '공포'로, 중간에는 손에 땀을 쥐게 한 '반전'으로, 후반에는 허탈함을 자아낸 '결별'로 세계인의 주목을 끌었다. 트럼프가 귀환하기 얼마 전부터 또 하나의 '브로맨스'가 진행되고 있다. 김정은과 푸틴이 손을 잡은 것이다. 그리고 '반미'를 기조로 손잡은 두 사람 앞에 두 사람 모두와의 '친분'을 내세운 트럼프가, 그것도 더 강해진 모습으로 돌아왔다.

여기에서 먼저 이 질문을 던져보자. 김정은과 푸틴의

'브로맨스'는 왜, 그리고 어떻게 만들어졌는가? 먼저 1990년대 초반 소련 몰락의 의미부터 되짚어보자. 러시아는 냉전이 종식되면서 자신도 지분을 갖는 새로운 세계 질서가 출현할 것으로 기대했지만, 미국의 생각은 달랐다. 1989년 몰타에서 소련의 미하엘 고르바초프 공산당 총서기와 냉전 종식을 선언했던 미국의 조지 H. W. 부시 대통령은 1991년 12월에 소련이 해체되자 "냉전은 종식된 것이 아니라 미국이 승리한 것"이라고 선언했다. 샴페인을 터트린 미국은 그 이후에 자제의 미덕을 잃었다. 약속을 깨고 북대서양조약기구(나토) 동진을 계속 밀어붙인 것이다.

악명 높았던 소련의 국가보안위원회(KGB) 관료로서 이를 목도한 푸틴은 대통령이 된 이후 소련의 몰락을 "20세기 최악의 지정학적 사건"으로 규정했다. 러시아가 미국에게 철저하게 모욕당했다고 여겼다. 나토의 동진과 미국이 동유럽 국가들에 미사일방어체제(MD)를 전진 배치한 것이 그 대표적인 사례라고 주장했다. 푸틴은 2007년 뮌헨안보회의에서 "주인이 하나밖에 없는 세상"에 대한 강한 분노를 표출했고, 미국 주도의 단극 체제를 다극 체제로 바꾸겠다는 결의도 강하게 다졌다.

한편 동맹국이었던 소련의 몰락 이후 조선의 최대 목표는 제국의 지위에 올라선 미국과 친해지는 것이었다. 그들은 핵카드가 이를 가능하게 해줄 것이라고 믿었다. 핵의 비확산이라는 제국의 뜻에 도전함으로써 관심을 끄는 데 성공한 조선은 제국의 뜻을 수용하는 대가로 "조미 적대 관계의 평화로운 관계로의 전환"을 도모했다. 이것이 총체적인 위기에 처한 조선이 살 길이라고 믿었다. 하지만 2019년 이후 조선은 핵개발을 지렛대로 삼아 북미 관계 정상화를 도모했던 과거와 결별하고 핵무력을 국체로 삼아 거침없는 행보에 나서고 있다.

　이렇듯 북러 관계 밀착에는 미국 단극 체제 시기에 겪은 동병상련이 똬리를 틀고 있다. 북러가 공유해온 미국에 대한 실망과 배신감이 양국 관계에 접착제 역할을 한 것이다.

2000년의 푸틴과 2024년의 푸틴

1948년 9월 9일 조선 정부 수립 이후 현재까지 평양을 가장 많이 방문한 외국 정상은 누구일까? 두 명이 있다. 한 명은 일본의 고이즈미 준이치로 총리로 2002년과 20004년 두 차례 평양을 방문해 김정일과 정상회담을 가졌다. 또 한 명은 푸틴이다. 그는 2000년 7월에 구소련을 포함한 러시아 역사상 처음으로 평양을 방문한 최고 지도자였으며, 2024년 6월에는 두 번째로 평양을 찾았다. 24년 만에 이뤄진 푸틴의 평양행을 살펴보면 그동안 한반도를 포함한 국제 정세가 얼마나 변했는지 실감하게 된다.

우선 미국과 러시아는 전면적인 대결을 벌이고 있는 오늘날만큼은 아니지만 2000년에도 전략적 갈등을 겪고 있었다. 당시 미국의 빌 클린턴 행정부는 공화당 및 군산 복합체의 강한 압박을 받아 MD를 추진하려고 했다. 이를 위해서는 1972년 미국과 소련이 체결한 탄도미사일방어(ABM) 조약을 개정해야 했다. ABM 조약은 사실상 MD를 금지하고 있었기 때문이다. 그래서 클린턴은 푸틴의 동의를 구하려고 했지만 MD가 미러 간의 전략적 균형을 와해하고 이미 동진을 거듭하고 있던 나토의 확대를 가져올 것이라고 판단한 푸틴은 이에 동의하지 않았다. 이로 인해 MD 문제는 2000년대 초반 국제 정세의 가장 '뜨거운 감자'였다.

나토의 주요 회원국들의 태도도 비교해볼 필요가 있다. 1990년대 후반 이래 지속되어온 나토의 동진과 2014년 러시아의 크림반도 병합 이후 늘 아슬아슬하던 나토와 러시아의 관계는 2022년 러시아의 불법적인 우크라이나 침공 이후 '돌아올 수 없는 다리'를 건넜다. 러시아를 '공동의 적'으로 규정한 미국 및 유럽의 나토 회원국들은 강력한 결속력을 과시하면서 러시아의 약소국화를 추구했고, 러시아는 반미·반서방의 기치를 드높였기 때문이다.

하지만 2000년의 풍경은 크게 달랐다. 당시 유럽연합 외무장관이던 자비어 솔라나는 "만약 미국이 MD 배치를 끝까지 고집한다면, 국제사회는 미국의 건방진 일방주의에 실망하게 될 것"이라며 직격탄을 날렸다. 요슈카 피셔 독일 외무장관 역시 "이 문제는 미국과 러시아에 충돌을 가져올 수 있는 핵심적인 사안"으로 "미국 한 나라의 결정에 국제사회는 엄청난 영향을 받게 될 것"이라고 강조했다. 프랑스 정부도 "MD의 필요성에 회의감을 느끼고 있고, 유럽연합의 다수 국가들도 마찬가지"라는 입장을 밝혔다. 북미 대륙에 있는 캐나다도 이러한 입장에 동조했다.

한국과 조선의 행보 역시 24년의 시간을 사이에 두고 큰 차이를 보인다. 우크라이나 전쟁은 윤석열 정부에게는 '가치연대'를 표방한 '친미주의'를, 김정은 정권에게는 '국제질서의 다극화'를 앞세운 '반미주의'를 소비하는 무대로 활용되고 있다. 유라시아 동쪽 끝에 있는 남과 북이 유라시아 반대편에서 벌어지고 있는 전쟁의 주요 무기 공급처 역할을 하고 있다. 그러나 2000년에는 크게 달랐다. 김대중 정부는 '한반도 냉전 구조 해체'를 목표로 북미 관계 중재와 촉진에 적극 나서는 한편, 사상 최초의 남북 정상회담도 성사시켰다. 김정일 정권 역시 남북대화와 북미대화가 선순환을 그리면서

50여 년간 지속된 적대적인 북미 관계에 종지부를 찍을 수 있을 것이라는 기대에 부풀어 있었다.

하지만 복병이 있었다. 바로 MD였다. 당시 미국은 김대중 정부의 한반도 평화 프로세스를 지지하면서도, 한편으로는 조선의 미사일 위협을 구실로 삼아 한국을 MD에 포섭하려 했다. 미국은 북중러와 지리적으로 가장 가까운 한국을 MD 최적의 동맹국으로 간주했고, MD 명분으로 중국이나 러시아를 직접 거명할 수 없었던 상황에서 '북한 위협론'의 활용 가치는 매우 컸다. 하지만 이건 양립할 수 없는 것이었다. 김대중 정부가 미국의 MD 참여 요구를 거절하고 한반도 평화 프로세스에 박차를 가한 것에서도 이를 알 수 있다.

바로 이런 상황에서 푸틴이 평양을 찾았다. 타이밍부터 절묘했다. 그는 2000년 6월 초에 모스크바를 방문한 빌 클린턴의 ABM 조약 개정 요구를 거부했다. 6월 중순에 남북 정상회담이 열리면서 미국에서 맹위를 떨쳤던 '북한 위협론'의 위세도 크게 꺾였다. 그러자 러시아 정부는 푸틴의 아시아 순방 일정을 공표했다. 푸틴은 그해 7월 17~19일에 중국 베이징을 방문해 장쩌민 주석과 정상회담을 갖고 '미국의 MD에 반대한다'는 공동성명을 발표했다. 7월 21~23일에는 일본 오키나와에서 G8 정상회담이 예정되어 있었는데, 푸틴도 참석하는 이 회의의 최대 의제가 바로 ABM 조약 및 MD 문제였다. 그리고 그는 오키나와에 앞서 평양을 방문해 김정일을 만났다.

정상회담을 마친 푸틴은 기자회견을 통해 "다른 나라가 위성 발사를 지원하면 장거리 미사일 개발을 포기할 의사가 있다"라고 한 김정일의 발언을 공개했다. 이를 두고 외신들은 "미국의 MD에 제동을 걸려고 하는 푸틴이 이 기회를 즉각 잡았다"라고 평했다. 미국은 조선의 미사일 위협을 구실로 삼아 MD를 구축하려고 했는데, 김정일-푸틴이 김을 확 빼버린 것이다. 이에 자신감을 얻은 푸틴은 G8을 ABM 조약 사수 및 MD 반대의 무대로 활용했다. 앞서 언급한 것처럼 미국의 여러 동맹국들도 러시아와 뜻을 같이했다. 그 결과 미국도 동의한 G8 공동성명에는 "전략적 안정의 초석이자 전략 공격 무기 감축의 기초인 ABM 조약을 보존하고 강화한다"라는 조항이 담겼다.

공화당·군산복합체의 압력과 국제사회의 만류 사이에서 난처해진 클린턴 행정부는 한 달여 후 MD 배치 여부를 차기 행정부로 넘기겠다고 발표했다. 그리고 북미 고위급 회담에 본격적인 시동을 걸었다. 이에 힘입어 북미 양측의 특사들인 조명록 차수와 올브라이트 국무장관이 워싱턴과 평양을 교차 방문했고, 클린턴도 방북을 약속했다. 남북 정상회담에 이어 북미 정상회담도 가시권에 들면서 '냉전의 외로운 섬'으로 불렸던 한반도에 탈냉전이 찾아오는 듯했다.

하지만 2000년 11월 미국 대선에서 MD에 사활을 건 공화당의 조지 W. 부시 후보가 당선되면서 모든 것이 수포로 돌아갔다. 부시 당선자 진영은 MD에 차질을 빚을 수 있다며 클린턴의 방북을 반대했고, 취임 직후에는 클린턴 행정부 때 있었던 북미 회담의 "유망한 요소"를 걷어찼다. 당시 북미 관계의 최대 이슈였던 미사일 문제에 대해 김정일 정권이 대폭 양보할 뜻을 내비쳤고 클린턴 행정부도 이를 긍정적으로 평가했는데, 부시 행정부가 이러한 협상 결과의 승계를 거부한 것이다. 그러고는 조선의 미사일 위협을 이유로 MD 구축을 선언했다. 그리고 이에 대한 국제적 비판 여론이 비등하던 2001년 9월 11일 9·11 테러가 발생하자 이를 ABM 조약 탈퇴의 빌미로 삼았다. 미국의 패권을 상징했던 세계무역센터(쌍둥이 빌딩)가 무너지고 펜타곤이 공격당한 모습을 본 국제 사회는 미국의 포효 앞에서 움츠러들었다. 그렇게 세계 평화의 초석이라던 ABM 조약은 정확히 30년 만에 역사의 무대에서 퇴장했다.

그로부터 20여 년이 지난 현재, 한반도를 포함한 국제 정세는 너무나도 달라졌다. 24년 만에 이뤄진 푸틴의 방북은 이를 상징적으로 보여준다. 24년 전 그의 방북은 미사일 문제로 난항을 겪던 북미 관계를 중재하려는 의도가 컸다. 그래서 북미 두 나라에 러시아가 조선의 위성을 대리 발사해줄 수 있다는 절충안도 내놓았다. 이것이 미국의 MD를 막을 수 있는 효과적인 방식이라고 여겼기 때문이다. 하지만 2024년 그의 방북은 북미의 적대 관계를 십분 활용하는 데 초점이 맞춰졌다. 이를 위해 러시아가 전통적으로 중시했던 핵비확산을 뒷전으로 미루면서 조선의 핵보유를 사실상 인정하고 유엔의 대북 제재도 무력화하는 선택도 마다하지 않았다. 특히 북러 간에 동맹 관계가 회복되고 반미·반서방을 향해 포괄적이고 전략적인 협력에 나서겠다는 행보가 눈에 띤다.

이로 인해 신냉전을 바라보는 시선도 크게 달라졌다. 2000년대에는 신냉전을 우려하는 목소리가 소수에 불과했다. 미국의 ABM 조약 파기와 MD 추진이 전략적 균형을 흔들고 핵군비경쟁을 촉발할 것이라는 우려가 있었다. 하지만 오늘날 신냉전은 다수의 목소리가 되고 있다. 소수의 우려는 부지불식간에 현실이 되고 말았고, 미중 전략 경쟁과 우크라이나를 전장으로 삼은 나토와 러시아의 대결이 첨예해지고 있다. 냉전 시대에도 없었던 한미일의 군사적 결속이 사실상의 동맹으로 치닫고 있고, 이에 대응한 북중러의 연대도 꿈틀거리고 있다. 나토 강화와 인도-태평양 전략이 연결되어 유라시아 국가들인 북중러를 에워싸는 거대한 군사 네트워크가 고개를 들자, 러시아는 "유라시아에서 평등하고 불가분리적인 안보 구조를 건설해나가겠다"라며 맞불을 놓고 있다.

신냉전은 한반도의 냉전 구조가 해소되지 못한 결과를 반영하고 있기도 하다. 1990년을 전후한 미소 냉전 종식은 미국에게 '승리의 축배'를 선사한 동시에 주적을 상실한 '허전함'을 안겨주었다. 축배를 든 미국의 태도는 '화장실 들어갈 때와 나올 때'처럼 달라졌다. 나토를 확대하지 않겠다는 약속을 어기고 동진에 동진을 거듭한 것이다. '허전함'을 달래기 위해서는 '북한 위협론'에 매달렸다. MD는 그 중심에 있어왔다. 클린턴 행정부가 MD를 놓고 좌고우면할 때도, 부시 행정부가 ABM 조약에서 탈퇴할 때도, 오바마 행정부가 '아시아 재균형' 전략을 추구할 때도, 1기 트럼프 행정부가 대대적인 핵전략 변화에 착수할 때도, 한미일이 MD를 고리로 삼아 군사적 결속에 박차를 가할 때도 '북한 위협론'은 단골 메뉴처럼 소비되어왔다.

기실 조선은 미소 냉전 종식 이후에도 한반도를 중심으로 이어진 '구냉전의 피해자'였다. 국제적 고립을 탈피하기 위해 미국과 일본에 손을 내밀었지만 번번이 외면당했다. 초강대국 지위를 더욱 굳건히 한 미국의 관심을 끌어 담판을 지으려고 꺼내든 핵과 미사일 카드는 경제제재 강화라는 부메랑으로 돌아왔다. 냉전 시대 동맹이었던 중국과 러시아도 대북 제재에 동참했다. 이 와중에 남북의 국력 격차가 더더욱 벌어지면서 흡수통일을 걱정해야 할 처지에 몰리기도 했다. 그런데 '가난하고 고립된 핵개발국'이었던 조선이 어느덧 '가난과 고립을 탈피한 핵보유국'으로 변모하고 있다. 그러는 와중에 '신냉전의 수혜자'가 되고 있다고 해도 과언이 아니다. 지정학적 대결과 신냉전의 기운이 확연해지면서 중국과 러시아는 핵비확산보다 세력 균형과 국제 질서의 다극화를 더 중시하고 있다. 이로 인해 조선의 핵과 미사일 고도화 못지않게 대북 제재의 균열과 중국의 북핵 묵인 및 러시아의 북핵 인정도 빨라지고 있다. 이런 가운데 이미 자력갱생과 자급자족, 그리고 병진 노선을 통해 경제발전의 토대를 닦았다고 믿는 김정은 정권의 자신감은 급속도로 커지고 있다.

그렇다면 한국은 어떤가? 국제적 탈냉전과 한반도 구냉전이 중첩되었던 시기에 한국은 소련(러시아) 및 중국과의 수교에 힘입어 경제적·외교적 지평을 넓힐 수 있었고 한미 동맹도 굳건히 다졌다. 하지만 신냉전 시대에는 양상이 달라졌다. 한러 관계는 수교 이래 최악이고, 한중 무역 관계 역시 최대 흑자에서 최대 적자로 바뀌었다. 미국은 한국을 회유·압박해 반도체·전기차·배터리 등 첨단 분야를 흡수하기에 바쁘고, 일본도 이들 분야에서 강력한 경쟁자로 재부상하고 있다. 한때 한국 경제의 '블루오션'으로 일컬어졌던 한반도 경제 공동체와 북방으로의 진출도 신기루처럼 사라졌다. 한국의 군사력이 세계 5위로 올라서고 한미 동맹 및 한미일 군사 협력도 역대 최강이라고 하는데 안보에 대한 불안감은 끊이지 않는다. 24년 만에 푸틴이 평양을 방문하면서 이러한 불안감은 더욱 커지고 있다.

북러 동맹과 그 파장

2024년 6월 19일 김정은과 푸틴이 '포괄적 전략 동반자적 관계에 관한 조약'을 체결했다. 아마도 후대의 역사가는 이 조약을 2020년대 최대의 지정학적 사건 가운데 하나로 기록할 것이다. 양국의 동맹 재결성은 한반도 안팎의 외교안보 환경뿐만 아니라 전쟁의 향방에도 지대한 영향을 미치고 있기 때문이다. '혈맹' 관계를 복원했다던 북중 관계에도 북러 조약 체결이 미묘한 파장을 일으키고 있다는 점에서 더욱 그러하다.

북러 조약에서 가장 주목을 끈 내용은 제4조로 "쌍방 중 어느 일방이 개별적인 국가 또는 여러 국가들로부터 무력 침공을 받아 전쟁 상태에 처하게 되는 경우 타방은 유엔헌장 제51조와 조선민주주의인민공화국과 러시아연방의 법에 준하여 지체 없이 자기가 보유하고 있는 모든 수단으로 군사적 및 기타 원조를 제공한다"라는 부분이다. 이는 북러가 사실상의 상호방위조약을 체결했다는 것을 의미한다. 특히 "지체 없이"라는 표현은 '자동 개입'을 연상시킨다. 이와 관련해 이 조약을 다른 상호방위조약과 비교해볼 필요가 있다.

한미상호방위조약 3조는 제3자의 무력 공격 시 "각자의 헌법상의 수속에 따라 행동할 것을 선언한다"라고 되어 있다. 미일상호방위조약도 마찬가지이다. 여기서 헌법상의 수속은 대체로 국회(의회)의 동의를 의미하는 것으로, 자동 개입이 조약상의 의무는 아니라는 것을 말해준다. 다만 미국이 한국과 일본에 대규모의 미군을 주둔시키고 있어 이를 자동 개입을 보장하는 방식으로 간주하곤 한다.

32개 회원국이 집단 방위 체제를 채택하고 있는 나토는 어떨까? 북대서양조약의 5조는 "동맹국에 대한 외부의 무력 공격을 나토 전체에 대한 공격으로 간주한다"라는 것을 골자로 한다. 이를 근거로 군사적 자동 개입 조항이 있다고 여겨지곤 한다. 하지만 꼭 그런 것은 아니다. 5조에 대한 나토의 공식적인 해석을 보면, 회원국의 원조가 "반드시 군사원조일 필요는 없고… 기여 방식은 회원국의 결정에 따른다"라고 되어 있기 때문이다. 또 "각국의 헌법적 절차에 따라 이행"한다는 조항도 있다. 이는 미국과 유럽 국가들 사이의 이견에서 비롯된 것이다. "유럽의 나토 회원국들은 유사시 미국의 자

동 개입이 보장되기를 원했지만, 미국은 그러한 공약을 원하지 않았던 것"이다.•

조선이 중국과 1961년 7월에 체결해 현재까지 유지하고 있는 '조중 우호 협력 및 상호원조조약'에도 주목할 필요가 있다. 이 조약 2조에는 "조약 일방이 어떠한 한 개의 국가 또는 몇 개 국가들의 연합으로부터 무력 침공을 당함으로써 전쟁 상태에 처하게 되는 경우에 조약 상대방은 모든 힘을 다하여 지체 없이 군사적 및 기타 원조를 제공한다"라고 명시되어 있다. 일반적인 상호방위조약과는 달리 사실상의 자동 개입 조항이 있다는 것을 확인할 수 있는 대목이다.

이들 조약과 이번에 체결된 북러 조약을 비교해보면, 주목할 만한 특징을 발견할 수 있다. 상기한 조약들에서 필요하다고 판단한 부분들을 북러 조약이 모두 원용하고 있다는 것이다. 우선 한미 동맹과 미일 동맹에서 언급된 국내법, 나토에 담긴 유엔헌장 51조를 북러 조약에 담은 것은 '합법성'을 주장하기 위한 것이다. 세르게이 라브로프 러시아 외교장관이 이 두 가지를 언급하면서 "합법적이고 방어적인 조약"이라고 주장한 것도 이러한 해석을 뒷받침해준다. 또 북중 조약과 비교해보면 "유엔헌장 제51조와 북러의 법에 준하

• https://www.nato.int/cps/en/natohq/topics_110496.htm.

여"라는 표현만 포함되었을 뿐, 내용이 거의 동일하다는 것을 알 수 있다. 이는 북러 관계가 북중 관계에 준하는 수준으로 강화되었다는 것을 과시하기 위한 것으로 풀이할 수 있다. 조선이 조약 체결 다음 날 〈노동신문〉과 〈조선중앙통신〉을 통해 전문을 전격 공개한 것에서도 이를 알 수 있다.

여담이지만, 한국과 조선이 타국과 체결한 조약들은 1991년 9월 남북의 유엔 동시 가입 이전과 이후로 구별되는 특징이 있다. 1953년 체결된 한미상호방위조약도 그렇고 조선이 1961년 중국 및 소련과 체결했던 조약에도 유엔헌장 51조는 언급되지 않았다. 한국과 조선이 이들 조약 체결 당시에는 유엔 회원국이 아니었기 때문이다. 반면 이번에 체결된 북러 조약에는 이 표현이 포함되었다. 또 조선이 1961년에 체결한 조약들에는 한반도 통일이 언급된 반면 이번 북러 조약에는 통일이라는 단어조차 찾아볼 수 없다. 2023년 말부터 '적대적 두 국가론'을 분명히 해온 조선의 입장이 이번 조약에도 반영되어 있다는 것을 알 수 있다.

이러한 북러 조약은 한반도와 동아시아는 물론이고 세계 정세가 중대한 전환점에 서 있다는 것을 보여준다. 우선 조선은 자체적으로 '안보 3중 장치'를 갖게 되었다고 확신할 것이다. 기존의 북중 조약과 고도화를 거듭하고 있는 핵무력에 이어 군사 강국이자 안보리 상임이사국인 러시아와의 동맹을 사실상 회복했기 때문이다. 이는 한국의 자체적인 군사력 강화, 한미 동맹 강화 및 사실상의 한미일 삼각동맹 추구 등과 맞물려 한반도가 신냉전의 한복판에 서게 되었다는 것을 의미한다. 구냉전이 강대국들에 의해 한반도에 '강요된 구조'였다면, 신냉전은 남북 정권들의 '자발적 선택'의 측면이 강하다.

북러 동맹 재결성이 한반도 안보에 어떤 파장을 몰고 올지는 미지수이다. 하지만 러시아가 조선의 전쟁 지원 대가로 전략무기 개발 지원에 나설 수도 있고, 한반도 유사시 군사적으로 개입할 수도 있다는 점에서 큰 우려를 자아내고 있는 것은 분명하다. 북러는 이번 동맹을 통해 "평화와 지역 및 세계의 안전과 안정을 보장하는 데 기여하게 되리라는 것을 확신"한다고 말한다. 궤변으로 들리지만, 어디선가 많이 들어본 말이기도 하다. 한미 혹은 한미일이 동맹이나 군사협력을 강화할 때마다 꺼낸 말이기 때문이다. 북중러가 이에 문제 제기를 하거나 반발해도 무시하곤 했다. 나의 이러한 지적이 북러 동맹의 정당성을 주장하기 위함이 아니라는 것은 물론이다. 역지사지의 부족이 이러한 상황을 초래하고 있는 것은 아닌지 자문할 필요가 있다는 점을 강조하고 싶을 뿐이다.

북러 동맹 재결성이 한미일 대 북러, 혹은 여기에 중국까지 가세하는 북중러 사이의 대결 구도로 고착될지 여부 역시 현재는 미지수이다. 북러 관계 결속이 북중 관계 냉각으로 이어지고 있기 때문이다. 또한 윤석열 정부의 대일 저자세 외교가 뒤통수를 맞은 데 이어 현재 윤석열 대통령의 탄핵 인용이 확실해지면서 한일 관계의 앞날에도 불확실성이 드리워지고 있다. 무엇보다도 트럼프의 귀환이라는 변수가 생겼다. 그는 동맹을 철저하게 '돈벌이'의 관점에서 바라본다. 동시에 한미일이 적대시해온 김정은, 시진핑, 푸틴과의 '친분'을 강조한다. 돈벌이와 친분은 '거래주의'에서 만난다. 2기 트럼프 행정부는 동맹국이든 적대국·경쟁국이든, '미국 우선주의'의 관점에서 득실 관계를 따져 거래와 타협을 시도할 것이라는 뜻이다.

전쟁의 '다크호스'로 등장한 조선

김정은과 푸틴의 위험한 '브로맨스'는 러시아-우크라이나 전쟁의 향방에도 큰 영향을 미치고 있다. 조선이 무기 지원에 이어 약 1만 명에 달하는 대규모 인원의 파병을 단행한 것으로 알려지면서 이 전쟁이 국제전의 양상으로 번졌기 때문이다. 이는 러-우 전쟁의 종식이 더더욱 시급한 과제가 되고 있다는 것을 말해준다. 때마침 4년 만에 대통령으로 귀환한 트럼프는 자신이 대통령으로 취임한 후 "24시간 이내에 전쟁을 끝내겠다"라고 다짐했다. 이 다짐은 실현되지 않았지만, 트럼프 행정부가 러-우 전쟁 종식을 최우선 과제로 삼고 있는 것은 분명해 보인다. 또 2022년 2월 24일 시작된 전쟁이 3년째를 맞이하면서 "이제는 교전을 멈추거나 전쟁을 끝내야 한다"라는 목소리도 높아지고 있다.

유라시아 반대편에서 벌어지고 있는 전쟁에 남북이 대리전 형식으로 가세하고 있는 현실은 낯설고도 기이하다. 조선은 개전 당시부터 러시아가 "특별 군사작전"이라고 강변한 이 전쟁에 강력한 지지를 표해왔다. 한국은 러시아의 침공을 규탄하면서 서방 주도의 대러 경제제재에 강력히 동참해왔다. 이뿐만이 아니다. 전쟁이 장기화되면서 한국과 조선은 우크라이나 전쟁의 주요 무기 공급처가 되었다. 2023년 미국의 주요 언론들은 미국이 한국에서 제공받아 우크라이나에 공급한 포탄이 모든 유럽 국가들이 공급한 양보다 많다고 보도했다. 이러한 움직임을 예의 주시하면서 "한러 관계가 파탄날 것"이라고 경고했던 러시아는 급기야 조선과 급속도로 가까워지면서 2023년 9월 북러 정상회담을 계기로 전방위적인 협력을 본격화했는데, 그 결과 가운데 하나가 바로 조선의 대러 무기 제공이다.

상황은 여기에서 그치지 않았다. 미국 주도의 단극 체

제를 다극화하겠다고 의기투합한 김정은과 푸틴이 급기야 2024년 6월 '포괄적 전략 동반자적 관계에 관한 조약'을 체결한 것이다. 그리고 우크라이나 전쟁을 이러한 전략적 목표를 실현할 수 있는 계기로 삼아 조선군의 대규모 파병을 비롯한 군사협력의 수준을 대폭 끌어올리고 있다. 그러자 윤석열 정부는 이를 세계 평화와 한반도 안보에 직접적인 위협이라고 주장하면서 우크라이나에 무기 지원 및 파병까지 저울질했다.

　이러한 낯설고도 기이한 현상을 어떻게 이해해야 하는가? 우선 윤석열 정부가 표방한 '가치 연대'와 김정은 정권의 '반미 연대'가 우크라이나에서 충돌하고 있는 것으로 해석할 수 있다. 한국 정부가 과거처럼 한미 동맹을 중시하면서도 최소한의 균형 외교 차원에서 러시아와의 관계를 관리하려고 했다면, 윤 정부처럼 자충수를 두지는 않았을 것이다. 또 세계를 '민주주의 대 권위주의'의 대립 구도로 바라본 미국 바이든 행정부의 이분법적 세계관에 쉽게 동조해 한미일 군사협력을 사실상 군사동맹 수준으로 끌어올리고 나토와의 협력 역시 강화하는 선택도 하지 않았을 것이다. 조선 역시 과거처럼 미국과 친해지기를 원했다면 지구상에서 가장 강력한 러시아 지지·지원국이 되지는 않았을 것이다. 즉 남북의 엇갈리고도 위험한 선택은 윤석열 정부의 '친미 맹신'과 김정은 정권의 '친미 좌절'이 화학작용을 일으키면서 만들어 낸 현상이다.

주목해야 할 지점은 또 있다. 한반도가 '불가역적인 핵시대'로 진입하면서 재래식 군사력 운용에 변화가 생기고 있다는 것이다. 윤석열 정부와 김정은 정권은 서로를 주적으로 삼아 전쟁 대비에 몰두해왔다. 전쟁 수행 능력을 유지·강화하려면 탄약 등 재래식 군사력 관리가 매우 중요하다. 그런데도 한국은 우회적으로 우크라이나에, 조선은 직접적으로 러시아에 군사력을 지원해왔다. 그 배경 가운데 하나가 바로 핵무기이다.

재래식 군사력에서는 한미연합군보다 현격한 열세에 있는 조선이 러시아에 다량의 무기와 대규모의 병력을 지원할 수 있었던 것은 핵무장에 따른 자신감 덕분이다. 이는 러시아의 달라진 셈법과도 연결되었다. 지정학적 환경이 근본적으로 바뀌었다고 판단한 러시아는 조선의 핵무장을 인정해주는 대신 조선의 군사력을 제공받고 있다. 러시아의 북핵 인정과 조선의 대러 군사 지원의 교환이 이루어지고 있는 셈이다. 한편 조선의 핵능력이 커지면서 한국의 대미 의존은 더욱 심해지고 있다. 심지어 윤석열 정부는 한미 동맹이 "핵기반 동맹"으로 강화되었다고 과시했다. 이는 또 하나의 교환을 낳았다. 미국은 한국에 더 강력한 확장억제를 제공해주고, 한국은 미국의 요구에 따라 우크라이나에 포탄을 우회 지원해주는 양상이 펼쳐진 것이다.

우리는 한반도와 우크라이나 전쟁의 관계가 정치 군사적 대립과 지정학적 위기의 측면에만 국한된 것이 아니라는 점을 깨달아야 한다. 지금까지는 러-우 전쟁이 한반도 정세 불안의 가속화로 이어졌고 그 중심에 한미 동맹과 북러 동맹이라는 '동맹의 정치'가 똬리를 틀고 있었다. 그런데 한반도와 우크라이나를 포함한 지구촌에 '거대한 럭비공'이 떨어졌다. 트럼프가 귀환한 것이다. 트럼프는 우크라이나 전쟁 종식을 대외 정책의 최우선 순위로 삼고 있다. 동시에 "핵보유국 지도자와 잘 지내는 것은 좋은 일"이라며 북미 정상회담 추진 의사도 거듭 밝혀왔다. 한국을 "머니 머신"이라고 부르면서 한미 동맹을 철저하게 '거래주의적 관점'에서 다루겠다는 의사도 분명히 하고 있다.

트럼프의 러-우 전쟁 협상안도 점차 구체적인 윤곽을 드러내고 있다. 트럼프가 우크라이나에는 미국의 군사원조 중단을 내세워 압박하고 러시아에는 우크라이나 일부 영토 점령을 인정해주는 조건으로 휴전이나 종전을 요구할 것이라는 관측은 이전부터 나왔다. 그런데 미국의 〈월스트리트저널〉(WSJ)이 트럼프의 대선 승리 직후인 11월 6일 트럼프의 측근들의 말을 인용해 비교적 상세한 내용을 보도했다. 핵심적인 내용은 △현재 전선에서 즉각 전투를 중단하고 동부에 비무장지대를 설치할 것 △1,287킬로미터에 달하는 비무장지대에 유럽 국가들의 군대를 파병하고 휴전을 감시하게 할 것 △우크라이나의 나토 가입 최소 20년 불허 △러시아가 휴전 조건 거부 시 우크라이나에 대한 군사 지원 확대를 경고하는 방안 등이다.

이 내용에서 주목할 점은 이러한 방안이 러시아뿐만 아니라 우크라이나의 입장과도 일부 교집합을 만들고 있다는 것이다. 푸틴은 미국 대선 직전에 "내가 대통령이 되면 우크라이나 전쟁을 끝내겠다"라는 트럼프의 입장을 환영한다면서도, 어떠한 협상도 "전장의 현실 realities of ground"을 반영해야 한다고 강조했다. 이는 협상이 이뤄지면 러시아가 점령한 우크라이나의 동부 지역을 영토로 인정받겠다는 취지를 드러낸 것이다. 또 러시아는 우크라이나의 나토 가입 불허도 핵심적인 조건으로 제시해왔는데, 이는 '20년간 가입 불허'라는 트럼프 진영의 협상안과 절충할 여지가 있다.

우크라이나의 입장 변화 조짐은 더욱 주목할 만하다. 〈뉴욕타임스〉(NYT)가 우크라이나 고위 당국자의 말을 인용해 11월 13일에 보도한 내용에 따르면, 우크라이나의 이익은 영토의 범위보다는 안전보장에 달려 있다고 한다. 우크라이나 정부가 이전까지는 휴전이나 종전 조건으로 러시아가 이번 전쟁으로 점령한 영토뿐만 아니라 2014년에 병합한 크림 반도의 반환까지 요구했다는 점에서 이는 괄목할 만한 변화 라고 할 수 있다. 여전히 상황을 지켜봐야 하지만, 영토보다 는 안전보장을 중시하겠다는 입장은 휴전 가능성을 높이는 요인이 될 수 있다.

이 와중에 사람들의 시선은 러시아의 영토 쿠르스크로 모이고 있다. 2024년 8월에 단행된 우크라이나의 쿠르스크 기습 공격과 점령은 "2차 세계대전 이후 외국이 러시아 영토 에 단행한 가장 큰 규모의 침공"이다. 그만큼 푸틴으로서는 자존심이 상하는 일이다. 푸틴은 이 지역을 탈환하기 위해 조선으로부터 병력을 지원받았는데 "러시아가 자국 영토에 외국군을 끌어들인 것은 100여 년 만에 처음"이다.* 다만 북 러는 조선군의 참전에 대해 확인도 부인도 하지 않으면서 조 약상의 의무에 충실하겠다는 주장만 되풀이해왔다. 이는 조 선군이 우크라이나 영토가 아닌 러시아의 빼앗긴 영토에 주 둔한 만큼 국제법에 위배되지 않는다는 주장을 펼치기 위한 의도로 읽힌다. 그렇다고 우크라이나 전쟁이 러시아의 침공 으로 시작되었다는 본질이 달라지는 것은 아니다.

• Andrea Kendall-Taylor and Michael Kofman, "Putin's Point of No Return", *Foreign Affairs*, January/February 2025.

쿠르스크는 휴전 협상 개시나 그 방향에도 큰 영향을 미칠 수 있다는 점에서 중요성이 더욱 커진다. 러시아는 우크라이나가 쿠르스크 일부 지역을 계속 점령한 "전장의 현실"을 받아들일 수 없다는 입장이 확고하다. 이런 상태에서 휴전 협상이 개시되면 우크라이나가 러시아가 점령한 지역의 반환을 요구하거나 다른 휴전 조건을 제시할 수도 있기 때문이다. 따라서 러시아는 휴전 협상의 조건 가운데 하나로 쿠르스크 주둔 우크라이나 군대의 철수를 지속적으로 요구했지만, 이것이 받아들여지지 않자 조선의 지원을 받아 본격적으로 탈환에 나서고 있다.

북러 동맹의 목표는 2025년 1월 20일 트럼프의 취임식 이전에 쿠르스크를 탈환한다는 데 맞춰져 있었던 것으로 보인다. 하루 빨리 이 지역을 탈환해 "전장의 현실"을 러시아가 점령한 우크라이나 영토로 한정하려고 했을 수 있다. 하지만 협상의 지렛대를 잃지 않으려는 우크라이나의 저항도 강력하다. 미국의 바이든 행정부는 "북한군은 합법적인 군사 목표"라며 우크라이나가 미국이 지원한 장거리 미사일로 조선군을 공격하는 것을 허용했다. 이러한 이유들로 인해 쿠르스크에서 양측의 사상자가 눈덩이처럼 불어났다. 그런데 트럼프 취임에 즈음해 우크라이나 군당국은 조선군이 전선에서 철수했다고 밝혔다. 영구 철수가 아니라 전력을 정비·보강해재투입을 준비하고 있다는 분석이 주를 이뤘지만 다른 분석도 등장했다. 〈한겨레〉의 정의길 기자는 2월 6일 자 칼럼에서 "북한과 러시아가 트럼프 취임에 맞춰 종전 협상에 성의를 보여줬을 가능성"이 있고, "특히 북한과의 대화 의지를 줄곧 피력한 트럼프에게 북한의 입장에서는 부담 없는 비공식 화답일 수 있다"라고 짚었다.

그렇다면 조선은 왜 이역만리에서 벌어지고 있는 전쟁에 참전을 결정한 것일까? 일반적으로 조선의 파병과 참전은 병력 부족에 시달리던 러시아의 요청으로 이뤄졌고, 조선의 목적은 경제난과 식량난을 해결하기 위해 현금·식량·원유 등을 지원받는 데 있다는 분석이 주를 이뤄왔다. 하지만 2024년 12월 23일 자 〈뉴욕타임스〉는 미국 정보기관의 분석을 인용해 다른 해석을 내놨다. 조선군의 파병은 김정은 정권이 제안해 이뤄졌고, 조선이 러시아로부터 즉각적으로 어떤 대가를 받은 것으로 보이지 않는다는 것이 골자이다. 최근 북러 관계의 동향도 〈뉴욕타임스〉의 분석을 뒷받침해준다. 조선은 2023년 9월 북러 정상회담에서 러시아의 식량 지원 제의를 거절했는데, 그 배경과 관련해 알렉산드르 마체고라 주 조선 러시아 대사는 "올해 정말로 그들은 큰 풍작을 거뒀다"라고 밝혔다. 또 조선의 발표에 따르면 2024년 식량 생산량은 전년도보다 7%가 늘어났다. 아울러 2024년 여름에

압록강 지역에서 대홍수가 발생했을 때 러시아가 지원을 제안했지만, 조선은 이 역시 거절했다. 조선의 참전 목적이 러시아로부터 경제적·인도적 지원을 받는 데 있다는 주장은 큰 설득력이 없다는 것을 보여주는 대목이다.

따라서 조선의 참전 의도와 목적은 '북러 동맹 강화'라는 보다 큰 시야에서 바라볼 필요가 있다. 러시아의 북핵 인정과 조선의 대러 군사 지원이 교환 관계에 있다는 점은 앞서 지적한 바 있다. 북러 간에 파병 논의가 있었던 2024년 9월 세르게이 라브로프 러시아 외무부 장관이 "조선에 적용되는 비핵화라는 용어는 의미를 잃었다. 이것은 종결된 문제"라고 밝힌 것도 이러한 분석을 뒷받침해준다. 또 조선은 "국제질서의 다극화"를 주요 전략으로 내세워왔던 만큼 러시아의 승전을 돕는 것이 이러한 목표에 부합하는 것으로 간주했을 것이다. 아울러 참전을 통한 실전 경험 습득, 첨단 무기 및 원자력, 관광과 과학기술 협력 등 다방면에서의 협력 강화도 동기로 작용했을 것이다.

한편 우크라이나 전쟁의 향방과 관련한 '트럼프 효과'는 윤석열 정부에까지 미쳤다. 윤 정부는 미국 대선 이전에는 우크라이나의 '승전'을 돕겠다는 입장이었는데 '종전'을 앞세운 트럼프가 당선되자 스텝이 꼬인 셈이다. 윤 정부가 검토했던 살상 무기 지원이나 파병은 야당은 물론이고 대다수 국민도 반대했던 바이다. 보수 진영 일각에서도 우려가 나왔다. 윤 정부가 이러한 목소리에 귀를 닫다가 트럼프의 귀환으로 신중한 자세를 보인 것은 씁쓸하면서도 다행스러운 일이다. 우크라이나에 대한 군사 지원 확대는 휴전을 향한 국제사회의 움직임에 반할 뿐만 아니라 우리 국익에도 큰 손실을 야기했을 것이기 때문이다.

휴전이 시급한 우크라이나와 휴전마저 흔들리는 한반도

지정학적으로 밀접하게 연결된 우크라이나와 한반도의 평화를 향한 전략에는 무엇이 있을까? 기실 미국의 바이든 행정부가 우크라이나에서 승전이나 장기전을 통해 러시아의 약화를 도모할 때에는 평화를 모색할 마땅한 방법이 없었다. 미국이 한반도에서 대북 정책상으로는 '전략적 혼수상태'에서 벗어나지 못하고 한미 동맹과 한미일 군사협력에서는 강화를 추구하면서 한반도 정세는 지속적으로 악화되어왔다. 그런데 미국의 정권이 교체되었다. 여러 가지 면에서 트럼프의 당선이 환영할 만한 일은 아니지만, 적어도 우크라이나와 한반도에서는 평화의 계기가 만들어질 수 있는 기회라는 뜻이다.

우크라이나와 한반도 문제를 아우르는 단어는 '휴전'이라고 할 수 있다. 우크라이나에서는 휴전이라도 절실한 상황이고, 한반도에서는 휴전(정전)마저도 불안해지고 있기 때문이다. 따라서 한반도에서는 정전 체제의 안정성을 회복하는 것이 급선무이다. 당장 급한 것은 국지 충돌과 확전을 야기할 수 있는 남북 심리전의 '쌍중단'이다. 양측이 모두 풍선 살포와 확성기 방송을 중단해 충돌의 소지를 없애는 게 중요하다. 한국이 이들 심리전을 먼저 시작했다는 점에서 결자해지 차원에서 선제적으로 중단하고 조선에도 상응하는 조치를 요구해야 한다. 그리고 또 다른 분쟁의 불씨로 등장하고 있는 무인기 통제와 서해 분쟁 예방 방안도 강구해야 한다.

한반도에서 휴전 체제의 안정성이 회복될수록 '한반도식 휴전 모델(K-휴전 모델)'은 러-우 전쟁의 휴전 방안으로도 주목을 받을 수 있다. 전쟁의 발발, 휴전의 조건과 성립, 휴전체제의 안착 등에서 유사점과 교훈을 찾을 수 있기 때문이다. 북중소의 3자 결탁에 의해 발발한 한국전쟁은 미국-한국-일본-대만을 잇는 반공 전선의 공고화를 막겠다는 '예방전쟁'으로서의 성격도 띠고 있었다. 푸틴이 우크라이나의 나토 가입을 차단한다는 명분을 내세우면서 침공을 강행한 것과 흡사하다. 강대국들의 직간접적인 개입 역시 빼놓을 수 없는 유사점이다.

휴전의 절박성과 가능성도 흡사한 양태를 띠고 있다. 한국전쟁 전반기에는 서울과 평양을 빼앗고 빼앗기는 전면적 공방전이 있었지만, 전쟁 발발 1년이 지나면서 38선을 사이에 두고 교착상태에 빠졌다. 러-우 전쟁 역시 우크라이나의 수도 키이우를 향한 러시아의 진격 작전도, 빼앗긴 영토를 되찾으려던 우크라이나의 대반격도 실패로 돌아가면서 교착상태에 빠져들었다. 어느 일방의 완전한 승리가 불가능해진 만큼 휴전의 필요성이 부각되고 있는 것이다. 아울러 한국전쟁의 막후 실력자였던 소련의 스탈린 사망이 휴전 협상에 탄력을 불어넣었던 것처럼 미국의 정권 교체도 러-우 전쟁의 휴전 가능성을 높여주고 있다. 2기 트럼프 행정부는 전쟁 종식을 최우선 과제로 삼을 뜻을 분명히 해왔고, 러-우 특사를 맡은 조지프 키스 켈로그 전 육군 중장은 트럼프 취임 이후 100일 내에 휴전이 가능할 것이라고 말하기도 했다.

1953년 7월 27일 체결된 한반도 정전협정과 그 후 고착되어온 정전 체제에 대해서는 다양한 평가가 가능하다. 2차 한국전쟁의 발발을 막아왔다는 점에서 성공적이라고 평가할 수 있지만, 정전협정이 목표로 명시한 "최종적인 정치적 해결", 즉 평화협정은 아직 체결되지 않고 있다. 이러한 한계에도 불구하고 러-우 전쟁의 종식 방안도 2단계, 즉 휴전과 평화 협정으로 나누어 접근하는 게 현실적일 것이다. 장기적이고 궁극적으로는 평화협정을 통해 '적극적 평화'를 실현하려는 목표를 가지면서도 당장은 휴전을 통해 '소극적 평화'를 회복해야 하기 때문이다.

물론 한국과 우크라이나 사이에는 큰 차이가 있다. 한국은 휴전협정 직후에 한미상호방위조약과 주한미군을 통해 안보를 보장받았다. 이에 반해 우크라이나의 니토 가입은 요원해 보인다. 우크라이나의 안전보장 방안이 가장 어려운 문제가 될 것이라는 뜻이다. 대안으로 생각해볼 수 있는 방안은 러-우 휴전에 대한 국제적 보장과 감시이다. 강력한 중재자로 부상할 미국이 휴전 보증자로 나서는 방안, 휴전 선언을 유엔 안전보장이사회의 결의로 뒷받침하는 방안, 유엔평화유지군이 비무장지대 감시를 맡는 방안, 중립국감독위원회를 구성하는 방안 등이 이에 해당된다. 또 우크라이나가 나토에 가입하는 대신 유럽 국가들이 개별적으로 우크라이나와 양자 안보협정을 체결해 휴전 이후 우크라이나의 안보 우려를 해소하는 방안도 강구할 수 있다.* 아울러 나토와 러시아 사이의 지정학적 대결을 해소할 수 있는 근본적인 해법도 강구되어야 할 것이다.

한국은 한반도 휴전의 성과와 문제점을 면밀히 검토해

• 2025년 1월 영국과 우크라이나는 '100년 동반자' 협정을 체결했다.

러-우 휴전 협상의 개시·과정·결과에 활력을 불어넣어 우크라이나의 평화 회복에 기여할 수 있어야 한다. 이런 성과의 핵심으로는 한국전쟁의 재발을 막아왔다는 점을 들 수 있다. 또 한국이 민주화와 산업화를 거쳐 선진국의 문턱에 도달한 사례도 우크라이나의 미래에 큰 함의를 지닐 수 있다. 반면 가장 큰 문제점은 휴전협상이 2년 동안 질질 끌리면서 막대한 피해를 입었다는 점이다. 따라서 러-우 전쟁은 한국전쟁처럼 협상을 통한 휴전보다는 먼저 휴전을 선언하고 협상에 돌입하는 방향으로 문제를 해결하는 것이 바람직하다. 2025년 1월 19일에 발표된 이스라엘-하마스 휴전처럼 '단계적 접근'도 유용할 수 있다. 비교적 합의가 용이한 사항을 1단계 휴전의 조건으로 삼고 교전이 중지된 상태에서 2, 3단계 협상을 진행하는 방식이다.

한반도 정전 체제가 장기화되면서 국내에는 이 분야의 전문가들이 많다. 정부가 아니더라도 국회나 민간 차원에서 러-우 전쟁의 휴전이나 종식에 기여할 수 있는 역할이 있다는 뜻이다. 한국의 전문가들과 정치인들이 긴밀한 소통 채널과 동맹 관계를 활용해 러-우 휴전 협상안 마련에 골몰하고 있을 트럼프 행정부에 아이디어를 제시할 수 있기 때문이다. 이를 위한 대전제는 세 가지이다. 첫째는 우크라이나 군사 지원 검토를 철회하고 휴전 방안 마련에 동참하겠다는 '모

드 전환'이다. 둘째는 대북 심리전 중단을 통한 한반도 정전
체제의 안전성을 회복하는 것이다. 마지막으로 트럼프의 대
북 접근을 지지하고 그 과정에 협력하는 것도 필요하다. 이렇
게 하면 우크라이나와 한반도 평화에 기여할 뿐만 아니라 현
재 불확실성으로 가득한 한미 관계에도 긍정적인 영향을 미
칠 수 있다. 러-우 전쟁 종식은 트럼프의 최우선적인 대외 정
책 목표이고 한반도 문제 해결 역시 그의 변함없는 목표에 해
당되기 때문이다.

05

트럼프와 시진핑의
'시즌 2'와 한반도

대선과 총선에서 압도적인 승리로 더욱 강해진 트럼프의 귀
환은 "21세기의 가장 중요한 양자 관계"로 일컬어져온 미중
관계와 세계 정세에 상당한 영향을 미칠 것이다. '미국을 다
시 위대하게 만들자Make America Great Again'(MAGA)로 대표되는
트럼프 행정부의 꿈과 '중화민국의 위대한 부흥'을 외쳐온 시
진핑 정권의 '중국몽'이 어떤 화학 작용을 일으키느냐에 따라
한반도를 포함한 세계 정세는 큰 영향을 받을 수밖에 없기 때
문이다.

미국에서는 2009년에 취임한 오바마 행정부 때부터 중
국의 부상을 최대 위협으로 간주하는 경향이 강해졌다. 1기

트럼프 행정부는 이러한 판단을 노골적으로 드러낸 바 있다. 마이크 펜스 부통령은 2018년 10월 허드슨 연구소 연설에서 "지난 25년간 미국이 중국에 대해 포용 정책을 취해 중국의 경제발전을 도와주었지만 중국은 여전히 실질적인 정치·경제적 개혁을 이루지 않고 있다"라고 주장했다. 특히 중국이 미국과의 무역을 통해 축적한 경제력을 군사 현대화에 투자함으로써 "미국의 안보를 위협하고 있다"라며, 과거 미국 행정부들은 중국의 이러한 행동을 방치했으나 "이제 이러한 시대가 끝났다"라고 천명했다.

이러한 관점을 반영하듯 1기 트럼프는 중국과의 무역 전쟁에 방아쇠를 당기는 한편, 안보 전략 차원에서도 대중 압박과 봉쇄를 강화했다. 2017년 12월에 발표한 국가 안보 전략 보고서에서 중국과 러시아를 "국제 질서의 현상 변경을 추구하는 수정주의 국가들"로 규정하면서 "최강의 군사력 구축을 통해 힘에 의한 평화"를 이루겠다고 밝혔다. 그리고 2018년 1월 공개된 국방 전략 보고서에서는 조선이나 테러리즘보다 "강대국들과의 경쟁에 대응하는 것이 미국의 최우선순위"라고 천명했다. 같은 해 2월 발표한 핵태세검토(NPR) 보고서에서는 미국이 러시아와 중국의 도전에 맞서기 위해 최강의 핵능력을 확보할 것이라고 밝혔다. 이러한 대중 강경 노선은 바이든 행정부에서도 이어지면서 미국 대외 전략의 '뉴노멀'처럼 굳어졌다.

높아지는 무역 전쟁의 파고와
먹구름이 짙어지는 한국 경제

중국과의 무역 전쟁에 불을 당긴 트럼프가 더 강해진 모습으로 돌아오면서 무역과 경제 분야에서 일대 파란이 예고되고 있다. 1기 트럼프 행정부는 중국이 지적재산권 도용, 통화 조작, 국가 보조금 지급 등 불공정한 무역 관행을 일삼는다고 비난하면서 중국산 제품에 고율의 관세를 부과했다. 이로 인해 중국 제품에 대한 미국의 평균 관세는 18%에 달했고, 뒤이어 집권한 바이든 행정부 역시 이런 기조를 유지하면서 고율의 관세 부과는 '뉴노멀'이 되었다. 설상가상으로 트럼프는 이번 대선 유세 기간에 모든 중국산 수입품에 60~100%에 이르는 '관세 폭탄'을 예고했다. 그리고 당선이 확정된 후에는 취임 후 모든 중국산 제품에 기존 관세에 10%를 추가해 부과하겠다고 밝혔다. 특히 중국이 대만 사태를 야기하면 최대 200%의 관세를 부과하겠다고 경고하기도 했다.

트럼프는 제약과 전자기기, 반도체, 통신, 인공지능 등 주요 산업과 첨단 기술 분야에서 중국으로부터의 '탈동조화(디

커플링)'에도 박차를 가하겠다는 뜻을 분명히 해왔다. 핵심 제품의 경우 중국으로부터의 수입을 단계적으로 중단하는 '4개년 계획'을 마련했고, 첨단 기술 분야에서는 중국의 기술 발전을 저지하기 위해 수출 통제에도 적극 나서겠다는 입장이다. 이러한 접근의 실효성을 높이고 중국에 대한 압박을 강화하기 위해 2001년 중국이 세계무역기구(WTO)에 가입할 당시 부여된 "최혜국 대우 most favoured nation treatment"(MFN) 지위를 취소할 가능성도 언급했고, 첨단 기술 분야에서 중국의 대미 투자를 보다 엄격히 제한하는 제도 도입도 예고한 상태이다.

트럼프 진영은 이러한 일련의 강공책이 미국의 대중 경제 의존을 줄이고, 중국에 빼앗긴 미국의 일자리를 되찾으며, 중국 등 해외로 나간 미국 기업이 다시 미국으로 돌아오게 하는 것 등을 목적으로 한다고 설명한다. 미중 전략 경쟁의 맥락에서는 첨단 기술 등 미국을 무섭게 추격하고 있거나 일부 분야에서 미국을 추월한 중국의 부상을 견제·봉쇄해 미국의 우위를 확고히 하겠다는 판단도 깔려 있다. 2기 트럼프 행정부가 출범한 이후 실제 추진 여부 및 중국의 대응에 따라 달라질 수는 있지만, 무역과 경제 분야에서 미중의 경쟁과 갈등이 격화될 것이라는 점은 분명해 보인다.

이에 중국은 '맞춤형 대응' 의사를 밝히고 있다. 2기 트럼프 행정부의 실제 정책을 보고 상황별로 대응책을 내놓겠다는 것이다. 이와 관련해 취웨이시 중국 상무부 산하 국제무역경제합작연구원(CAITEC) 부원장은 트럼프 2기 행정부가 "관세를 인상한다면 일단 손해 보는 건 미국 국민"이라는 점을 강조했다. "미국 연구 기관의 보고서에 따르면 관세를 올릴 때 (미국의) 중산층과 빈곤층의 피해가 커지고 물가도 올라간다는 결과가 나왔다"라며, 트럼프가 대선 때 한 말과 실제 정책에는 차이가 있을 수 있다는 기대감을 표했다. 동시에 "어떤 정책이 나오든 대응하고 반격할 것"이라며 중국도 미국에 보복관세를 부과할 수 있다는 점을 내비쳤다.[*]

아울러 중국 정부는 2기 트럼프 행정부 때 보호무역주의가 더 기승을 부릴 가능성에 대비해 자유무역에 더 박차를 가할 뜻도 분명히 하고 있다. 이를 위해 아세안 10개국 및 한국·중국·일본·호주·뉴질랜드가 참여해온 역내포괄적경제동반자협정(RECP) 등 자유무역협정의 강화와 확대에 주력할 뜻을 밝히고 있다. 이를 위한 사전 정지 작업 차원에서 트럼프 당선 직후인 11월 22일 중국에 무비자로 입국할 수 있는 국가를 38개국으로 확대하고 기간도 15일에서 30일로 늘리면서 여기에 미국의 핵심적인 동맹국들인 한국과 일본도 포

• https://www.pressian.com/pages/articles/2024120112012138626.

함했다.

　미국과 중국이 치고받는 난타전이 강해질수록 이미 침체의 늪에 빠진 한국 경제에도 악재가 될 공산이 크다. 세계 교역 시장에서 글로벌가치사슬^{Global Value Chain}(GVC)이 교란될수록 중간재 수출 비중이 높은 한국이 직격탄을 맞을 수밖에 없기 때문이다. GVC란 반도체를 비롯한 중간재와 서비스가 여러 국가와 지역을 거쳐 최종 재화로 완성되는 분업 체계를 의미하는데, 한국의 중간재 수출 규모는 전체 수출액의 70%에 육박할 정도로 많다. 특히 중간재 수출의 약 24%가 중국으로 향한다.* 이미 미국의 대중 반도체 제재와 중국의 자체 생산 능력 확대로 대중 반도체 수출에 타격을 입은 상황에서 2기 트럼프가 대중 반도체 제재 수위를 높이면 한국도 큰 영향을 받을 수밖에 없다. 중국의 대미 반도체 수출이 줄어들면 한국의 대미 수출이 일부 늘어날 수 있다. 하지만 대미 수출 길이 막힌 중국이 저가로 다른 나라에 반도체를 팔면, 제3시장에서 한국의 수출 비중은 크게 위축될 공산이 커진다.

　문제는 여기에서 그치지 않는다. 트럼프 당선 직후부터 한국 경제의 먹구름은 더욱 짙어졌다. 원-달러 환율은 크게 오르고 주가는 크게 하락한 것이다. 이는 대미 수출 비중

●　https://www.joongang.co.kr/article/25297353.

달라진 김정은, 돌아온 트럼프　　　　　　　　　　**144**

이 높아져온 특성이 반영된 결과이다. 2002년부터 21년간 중국은 한국의 최대 수출시장이었다. 하지만 2024년부터 대미 수출이 대중 수출을 추월하기 시작했다. 이 와중에 트럼프가 귀환하면서 달러 강세와 외국인의 한국 경제에 대한 불안 심리가 맞물리면서 금융시장의 불안이 커진 것이다.

한국의 대미 무역 흑자는 2023년 380억 달러에서 2024년에 500억 달러로 늘어났는데, 트럼프는 무역수지 불균형을 해소하겠다고 공언하고 있다. 트럼프는 대선 도전 공약집 〈어젠다 47〉에서 "일본과 한국에서 들어오는 값싼 수입품 때문에 미국 자동차 산업이 파괴되었고, 미국의 심장부 역할을 하는 마을과 도시 전체가 황폐해졌다"라며, 모든 수입품에 10%의 추가 관세를 부과하고 대미 무역 흑자가 큰 나라일수록 관세를 더 매기겠다고 밝혔다. 한국도 트럼프의 관세 폭탄과 '미국산 제품을 수입하라Buy America'는 압력을 피할 수 없게 된 것이다. 이러한 우려를 반영하듯 대외경제정책연구원은 보편 관세가 시행될 경우 한국의 실질 GDP는 최대 0.67% 감소할 수 있다고 내다봤다.

트럼프가 '녹색 사기New Green Scam'라고 부르며 폐지를 암시한 인플레이션감축법Inflation Reduction Act(IRA)의 앞날도 불안 요인이다. 바이든 행정부가 도입한 IRA는 전기차 소비자에게는 세액공제를, 관련 업체에는 첨단제조세액공제Advanced

Manufacturing Production Credit(AMPC)나 보조금을 제공하는 것을 핵심으로 한다. 이를 믿고 LG에너지솔루션·삼성SDI·SK온 등은 배터리 공장을, 현대차그룹은 전기차 공장을 세웠거나 세우고 있다. 따라서 IRA가 폐지되거나 혜택이 축소될 경우 한국 기업이 받지 못하게 되는 보조금과 미국 공장 투자 금액을 포함해 최대 수십조 원이 허공에 날아갈 수도 있다.*

이렇듯 대외 충격이 닥쳐올 때마다 귀에 못이 박히도록 들어온 말이 있다. 바로 산업 편중과 수출의존도를 줄여나가 대외 충격에 취약한 체질을 바꿔야 한다는 것이다. 그러나 한국은 이러한 노력에 소홀했고, 그 와중에 '트럼프 스톰'을 맞은 것이다. 한국이 경제 위기를 돌파하려면 '외적 균형 external balancing'과 '내적 균형 internal balancing'을 동시에 추구해야 한다. 외적 균형은 한국이 미국 및 중국과의 관계에서 균형을 맞추려는 노력과 더불어 이들 나라에 대한 과도한 의존을 줄여나가는 것을 의미한다. 내적 균형은 수출과 내수의 불균형 해소에 초점을 맞추는 것을 뜻한다. 내적 균형과 관련해 한가지 강조하고 싶은 게 있다. 성역처럼 취급되면서 거의 비판의 목소리를 듣기 어려운 국방비 증액과 징병제를 대대적으로 손봐 민생과 내수 진작에 필요한 재원을 늘려보자는 것

• https://h21.hani.co.kr/arti/economy/economy_general/56409.html.

이다. 이에 대해서는 8장에서 다루고자 한다.

대만 문제와 미중 전략 경쟁

무역과 경제 분야 외에 미중 경쟁이 치열하게 펼쳐지는 지정학적 주전장인 대만 문제의 향방도 동북아 지정학의 뜨거운 관심사이다. 대만을 '하나의 성'으로 간주하면서 대만 통일을 완성하겠다는 것은 1949년 이래 중국공산당과 인민들의 오랜 숙원이었다. 그리고 이러한 숙원은 시진핑 주석 집권 이후 중국의 핵심적인 정체성이자 절대로 물러설 수 없는 원칙이 되었다. 시진핑은 "대만은 중국의 핵심 이익 중의 핵심이고 민족 감정 문제이므로, 무력 사용 포기를 약속하지 않을 것"이라는 입장을 줄곧 밝혀왔다. 이렇게 중국이 대만을 핵심 이익과 민족 감정이 합쳐진 중국의 정체성으로 간주할수록 이를 침해한다고 여기는 타자에 대한 배타성도 강해지기 마련이다.

그런데 미국은 대만을 중국과 벌이는 전략 경쟁의 '핫스폿'으로 삼아왔다. 이는 1기 트럼프 행정부도 마찬가지였다. 2016년 트럼프는 당선 직후 차이잉원 총통과 전화통화를 했는데, 두 나라 정상이 통화한 것은 1979년 대만과의 단교 이후 처음이었다. 트럼프는 대만 총통과의 통화 직후 미국이 반드시 '하나의 중국' 원칙을 고수해야 하는 것은 아니라는 취지로 발언해 베이징을 발칵 뒤집어놓았다. 하지만 두 달 후 트럼프가 시진핑과의 전화통화에서 '하나의 중국' 원칙을 재확인하면서 대만을 이용한 대중 압박은 잠시 완화되는 듯했다. 그러나 2018년 초 트럼프는 대만 고위 관료들의 미국 방문을 용이하게 하려는 취지에서 미국 의회가 통과시킨 대만여행법Taiwan Travel Act에 서명했다. 또 8개월 후에 인도-태평양 전략을 발표하면서 대만을 "국가"로 명시하고 대만을 미국의 중대한 이익이 걸린 지역으로 규정했다. 그리고 대만이 충분히 방위력을 갖출 수 있도록 하겠다며 무기 수출도 크게 늘렸다. 또한 대만을 미국과 중국 경제의 '탈동조화'의 핵심 파트너로 삼기도 했다.

이 과정에서 1기 트럼프는 1982년 레이건 행정부가 대만에 약속한 '6대 보장'을 공식화했다. 6대 보장의 내용은 △대만에의 무기 수출 종료 시한을 정하지 않는다 △대만과 중국의 관계를 중재하지 않는다 △대만관계법을 변경하지 않는다 △대만에의 무기 수출을 중국에 사전 통보하지 않는다 △대만이 중국과 협상에 나서도록 압력을 행사하지 않는다 △대만에 대한 중국의 주권을 공식적으로 인정하지 않는다는 것이다. 이러한 내용에서도 알 수 있듯 '6대 보장'은 미중 관계 정상화의 초석이었던 '하나의 중국' 원칙과 상당한 긴장 관계에 있다. 따라서 1기 트럼프 행정부 이전의 행정부들은 이를 공식적으로 언급하는 것을 꺼려했다. 그러나 1기 트럼프 행정부를 이은 바이든 행정부 역시 6대 보장을 공식적으로 언급했다. 당연히 중국의 눈에는 미국이 '하나의 중국'을 뒤흔들고 있는 것으로 비칠 수밖에 없다.

이 와중에 대만의 정체성 역시 크게 변화했다. 양안 관계의 기초는 1992년 중국과 대만이 합의한 '92공식'에 근거한다. 핵심적인 내용은 양측 모두 '하나의 중국' 원칙을 받아들이면서도 중국을 대표하는 정부가 어디인지에 대해서는 각자의 해석에 맡긴다는 것이다. 그러나 '대만 독립'을 당 강령에 명시한 민주진보당(민진당)이 연거푸 집권하면서 '92공식'은 중대 도전에 직면하고 있다. 차이잉원-라이칭더 정권이 독립을 명시적으로 추진하지 않으면서도 이 공식 역시 인정하지 않기 때문이다. 이런 태도 변화에는 통일보다는 사실상의 독립을 지향하거나 현상을 유지하려는 대만의 정체성 변화가 반영되어 있다.

그렇다면 대만 문제는 미중 전략 경쟁에 어떤 함의를 내포하고 있을까? 중장기적인 관점에서 본다면, 대만의 미래는 미중 전략 경쟁의 성패를 좌우할 핵심 변수라고 할 수 있다. 대만은 '불침 항모'로 불릴 정도로 지정학적으로 매우 중요한 위치에 있다. '동아시아의 약한 고리'로 불려온 남중국해-대만해협-동중국해-한반도의 중간 지대에 있기 때문에 더욱 그러하다. 또 세계 20위 정도의 경제력, 특히 미중 기술 경쟁의 대표적인 품목인 반도체 선진 기술을 보유하고 있는 대만은 세계 최대 물동량 지역인 인도·태평양 해상 수송로의 중간에 위치한 지경학적 요충지이기도 하다.

이처럼 대만 문제는 지정학, 지경학, 첨단 기술, 이념과 가치 등 다방면에 걸친 미중 전략 경쟁의 정중앙에 포진해 있다. 어떠한 형태로든 중국이 대만을 통일하면 미국을 더욱 빠르게 추격하거나 추월할 가능성도 그만큼 높아질 것이다. 중국도 이러한 야심을 숨기지 않는다. 중화인민공화국 수립 100주년이 되는 2049년에 미국을 제치고 세계 최강국으로 우뚝 서려는 '중국몽'을 실현하기 위해서는 대만 통일이 필수라는 것이다. 미국이 '중국 위협론'을 전 세계적인 문제로 확대시키면서 대만 문제를 활용해 중국을 견제·봉쇄하려는 전략에 몰두하는 것도 이런 현실과 맞닿아 있다. 대만의 미래가 미중 전략 경쟁의 가장 중요한 '게임 체인저'가 되고 있는 만큼, 미국 내에서는 중국몽을 꺾기 위해 양안의 현상 유지가 필수적이라는 인식이 갈수록 강해지고 있는 것이다.

2024년 대통령 선거를 앞두고 트럼프가 양안 관계와 관련해 밝힌 입장은 두 가지이다. 그는 6월에는 "대만이 방어를 원한다면 우리에게 돈을 내야 한다"라며, "우리는 보험회사나 다름없다. 대만은 미국에게 아무것도 주지 않고 있다"라고 주장했다. 9월에는 "대만은 국내총생산(GDP)의 10분의 1"을 국방비로 써야 한다고 말하기도 했다. 그의 참모들 역시 현재 GDP 대비 2.5% 수준인 대만의 국방비가 5% 수준은 되어야 한다고 요구해왔다. 트럼프 행정부로서는 대만의 국방비가 2~4배 늘어나면 미국의 무기 판매가 크게 늘어나고 대만 방어 부담도 줄일 수 있다는 계산을 하고 있는 셈이다.

한편 트럼프는 10월에는 "중국이 대만을 침공하면 150~200%의 관세를 부과해 대응하겠다"라면서도, 중국의 대만 봉쇄에 대해 군사력을 쓸 것인지 묻자 "그는 나를 존중하고 내가 미쳤다는 걸 알고 있기 때문에 그럴 필요가 없을 것"이라고 덧붙였다. 대만을 향해서는 철저히 '거래주의적 시각'을, 중국을 향해서는 '미친 자의 이론'을 선보였던 셈이다. 트럼프는 "우리는 국가로서 더 예측 불가능해야 한다"라는 말을 즐겨 사용하는데, 우방인 대만과 경쟁자인 중국 모두에 트럼프 특유의 불확실성을 과시해 미국의 이익을 극대화하겠다는 것이다.* 이러한 트럼프의 전략은 바이든 행정부가

- https://foreignpolicy.com/2025/01/07/madman-theory-international-relations-unpredictability/.

대만 방어 의지를 직간접적으로 표한 것과는 확연한 차이를 보여준다.

또 트럼프의 귀환이 중국과 대만의 셈법에 어떤 영향을 미칠지도 큰 관심사이다. 트럼프의 요구대로 대만이 대대적인 군비 증강에 나서면 중국도 군사력 강화와 과시에 박차를 가할 가능성이 높다. 이렇게 되면 중국의 대미 무역흑자가 군사력 강화에 쓰인다는 미국의 불만을 증폭시켜 전방위적인 대중 봉쇄의 강화를 야기할 공산도 커진다. 대만의 입장에서도 대폭적인 국방비 증액은 경제적으로나 양안 관계에 큰 부담으로 작용할 수밖에 없다. 트럼프라는 '공동의 불안'이 양안 관계 개선의 필요성을 일깨우는 계기가 될 수도 있다는 뜻이다.

한층 복잡해진 미중 전략 경쟁과 한반도의 관계

미국의 전략과 관성에 비춰볼 때, 대북 협상과 대중 봉쇄는 어울리는 짝이 아니었다. 소련 몰락 이후 미국의 매파들은 '중국 위협론'으로 '소련 위협론'을 대체하려고 했고 이를 위해 '북한 위협론'을 십분 활용했기 때문이다. 그런데 1기 트럼프 행정부 초기에 조선의 핵탄두 장착 대륙간탄도미사일

(ICBM) 보유 저지가 당면 과제로 부상했고, 중국 견제는 초당적인 공감대가 형성된 전략적 과제였다. 이러한 흐름을 반영하듯, 1기 트럼프 행정부는 2018년 6월 북미 정상회담을 거치면서 조선의 핵탄두 장착 ICBM 제한이라는 소기의 목적을 달성하자 중국 견제 및 봉쇄 쪽으로 빠르게 방향을 전환했다. 이게 우연의 일치인지는 알 수 없다. 다만 1차 북미 정상회담 이후 미국의 대북 정책은 일방적이고 강경하게 변했고, 중국을 상대로 무역 전쟁에 본격적으로 나섰다.

이와 함께 트럼프가 시진핑을 대하는 태도 역시 180도 달라졌다. 그는 1차 북미 정상회담을 앞두고 "내 친구 시 주석의 큰 도움을 잊지 말라"라며 "그가 없었다면 (북미 관계는) 더욱 길고도 험난한 길이 되었을 것"이라고 중국의 역할을 치켜세웠다. 하지만 싱가포르 정상회담 이후에는 화법이 확연히 달라졌다. 조선이 미국에 불만을 표하거나 북미 협상에서 자신이 만족할 만한 성과가 나오지 않으면 그 책임을 중국에 전가하는 화법을 사용한 것이다. 트럼프는 2018년 8월 마이크 폼페이오 국무장관의 방북을 취소하면서 이렇게 주장했다. "우리의 무역에 관한 훨씬 더 강경한 입장 때문에 중국이 예전만큼 비핵화 과정을 돕고 있지 않다."

1차 북미 정상회담 이후 달라진 트럼프의 태도를 보며 많은 사람들이 또다시 가장 근본적인 물음을 던졌다. 미국이 조선을 대하는 태도가 달라진 배경에는 '중국몽'을 꺾기 위한 전략적 의도가 반영된 것이 아니냐는 것이었다. 중국은 미중 무역 전쟁과 한반도 문제는 별개라는 입장을 분명히 했지만, 미국은 이 두 가지를 연계시키면서 조선과 중국을 동시에 압박했다. 특히 미중 무역 전쟁에서 중국에게 사실상 백기 투항을 요구하면서 중국이 받아들이지 않을 경우 무역 전쟁 격화는 물론이고 한반도 비핵화가 이뤄지지 않는 책임조차 중국에 전가하려고 했다. 그러곤 '선先 미중 무역협정 타결, 후後 북미 합의'를 선호하는 모습을 보였다. 트럼프는 2019년 2월 말 2차 북미 정상회담을 가진 직후 열린 기자회견에서 '하노이 노딜'을 중국과의 무역 협상에서 지렛대로 활용하겠다는 의도까지 내비쳤다. 그는 김정은과의 정상회담에서 그랬듯 시진핑과의 무역 협상에서도 언제든 자리를 박차고 일어날 수 있다고 말한 것이다.

이랬던 트럼프가 더 강해진 모습으로 돌아왔다. 2기 트럼프 행정부는 중국과의 전략 경쟁에 역량을 쏟아붓겠다는 의지를 분명히 하고 있다. 트럼프는 김정은과의 정상회담을 원하고 있지만, 김정은은 '비핵화'를 내려놓고 '핵무력 증강'을 핵심적인 전략으로 삼고 있는 상황이다. 1기 트럼프 행정부 초기에 남북 관계가 북미 관계의 중재·촉진 역할을 했다면, 오늘날의 남북 관계는 최악이다. 북러 관계는 전략 동맹으로 향하고 있지만, 북중 관계는 냉랭해졌다. 북중러를 겨냥한 한미일의 결속은 미국의 정권 교체와 한국의 탄핵 국면으로 이완될 조짐을 보이고 있다. 이러한 내용들은 미중 전략 경쟁을 중심으로 하는 지정학적 갈등과 한반도 문제 사이의 상호작용이 한층 복잡해질 것임을 예고해준다.

하지만 여전히 '트럼프의 미국'에게 가장 중요한 나라는 중국이다. '시진핑의 중국'에게도 가장 중요한 나라는 미국이다. 동시에 한반도 문제의 양대 축이라고 할 수 있는 한미 동맹과 북핵 문제도 미중 전략 경쟁에 중요한 부분이다. 과거 미국은 북핵 문제를 이유로 한미 동맹과 한미일 군사협력을 강화해왔다. 그런데 트럼프는 "핵무기를 가진 나라와 잘 지내는 것은 좋은 일"이라며 조선의 제한적인 핵보유를 묵인할 수도 있다고 시사했다. 또한 대규모의 주한미군과 주일미군에 부정적인 입장을 내비치면서 미군 감축이나 철수를 "원한다"라거나 이 문제를 방위비 분담금 대폭 인상을 압박할 지렛대로 삼겠다는 뜻을 밝히고 있다. 그리고 주한미군과 한미 동맹의 대비 태세를 조선보다는 중국에 맞춰야 한다는 주장도 트럼프 진영에서 꾸준히 나오고 있다.

이를 바라보는 중국의 셈법은 복잡할 것이다. 트럼프가 북미 관계 개선과 한반도 정세의 안정을 추구한다면, 중국으로서도 환영할 만한 일이다. 자국과 이웃하고 있는 한반도의 안정과 평화는 중국의 핵심 이익에 해당되고, '북한 위협론'을 구실로 삼아 자국을 겨냥해온 미국 주도의 아시아 동맹 체제의 이완으로도 이어질 수 있기 때문이다. 하지만 중국은 다른 흐름 역시 경계할 것이다. 한미·미일 동맹과 한미일 군사협력체의 대북 태세 '완화'가 대중 태세의 '강화'로 이어질 수도 있기 때문이다.

대만 문제는 그 중심에 있다. 트럼프 진영에서는 대만 방어를 위해 동맹국의 역할이 강화될 필요가 있다는 주장이 나오고 있다. 마이크 왈츠의 발언에서도 이를 확인할 수 있다. 그는 미국 대선이 치러지기 직전인 2024년 10월 28일 미국이 중국의 해군력 증강에 맞서 선박 건조 역량을 강화하려면 한국, 일본과 협력해야 한다고 주장했다. 그리고 트럼프가 당선 직후 윤석열과의 전화 통화에서 강조한 것이 바로 이 문제였다. 이뿐만이 아니다. 왈츠는 하원의원이었던 2023년 4월에 우리나라를 방문해 "난 김정은이 대만해협 분쟁을 기회로 보고 자기에게 유리하게 활용하려고 하는 상황을 우려한다"라며, "대만해협 시나리오에서 우리 동맹들이 무엇을 할지가 좀 너무 모호하다"라고 말했다. 그러면서 "평화를 유지하는 방법은 결의를 보여주는 것"이라며, "중국이 민주주의 진영인 대만을 침공하면 모두가 시진핑에 저항할 것"이라는 의지를 보여주어야 한다고 주장했다.

조선은 미중 전략 경쟁이 격화될수록 그 틈을 파고들 것이다. 바이든 행정부 전반기에 대만 문제를 둘러싸고 미중 갈등이 격화되었을 때, 대만 문제에서 중국의 입장을 가장 강력히 두둔한 나라가 조선이었다. 조선은 이를 지렛대로 삼아 북중 관계 강화를 도모한 것이다. 바이든 행정부 후반기에 미러 대결이 격화되었을 때, 우크라이나 사태에 대해 러시아의 입장을 가장 강력히 지지하면서 군사 지원을 한 나라 역시 조선이었다. 조선은 이를 통해 러시아와의 관계를 전략 동맹으로 격상시켰다. 이러한 사례는 조선의 향후 전략적 셈법을 보여준다. 지정학적 대결이 첨예해질수록 이전에 강대국들이 중시했던 핵비확산은 주변으로 밀려난다. 그런데 조선은 동아시아의 지정학적 요충지에 있을 뿐만 아니라 사실상의 핵보유국이다. 이는 김정은이 트럼프와 시진핑을 상대로 '등거리 외교'에 나설 수 있다는 것을 시사한다.

미국과 중국은 한국에게도 가장 중요한 나라들이다. 이들 나라의 역학 관계에 따라 한국의 경제·안보·외교가 크나큰 영향을 받을 수밖에 없다. 하지만 동시에 가장 중요한 미중 양자 관계에 우리가 미칠 수 있는 영향력은 매우 제한적이다. 그렇더라도 우리가 할 수 있는 일을 찾아야 한다. 우선 "수출만이 살길"이라는 구호에서 벗어나 '내수 활성화'를 도모해야 한다. 이게 트럼프의 귀환으로 더욱 불안해진 국제 경제 질서에서의 핵심적인 자구책이다. 내수 활성화는 조세·재정·복지 등 국내 정책을 통해 우리가 직접 추진할 수 있는 것들이다.

'안보 수요'를 낮추는 것도 매우 중요하다. 이를 위해서는 남북이 가장 가까우면서도 가장 적대적인 현실부터 바꿔내야 한다. 남북 관계 악화로 한국의 안보가 불안해질수록 한국의 대미 의존도는 높아진다. 그러면 트럼프의 방위비 분담금 대폭 인상 요구에도, 대만 방어를 위한 한국의 역할 강화 요구에도 효과적으로 대처하기 어렵다. 한편 북미대화에서 '패싱'당할 수도 있다. 미중 전략 경쟁을 비롯한 불확실한 미래에 대처할 수 있는 가장 효과적인 방법이 남북 관계의 안정화에 있다는 뜻이다. 그런데 이게 그렇게 어려운 일만은 아니다. 한국이 먼저 시작한 대북 전단 살포와 대북 확성기 방송을 중단하고 조선에도 상응 조치를 요구하는 것에서 관계 개선의 첫걸음을 시작할 수 있다.

06

김정은과 트럼프는
다시 만날까?

트럼프의 귀환은 2019년 이후 악화 일로를 걸어온 한반도 정세에도 큰 영향을 미칠 것이다. 특히 사람들의 최우선적인 관심사는 북미 정상회담 재개 여부로 쏠린다. 이에 대한 전망은 엇갈린다. 우선 1기 트럼프 행정부 때와 달리 2기 트럼프의 대외 정책 우선순위에서 북핵 문제를 포함한 한반도 문제의 비중이 크게 떨어진 상황이기 때문이다. 그리고 1기 트럼프 때 미국은 '한반도 비핵화', 조선은 '경제제재 해결'이라는 뚜렷한 목표가 있었지만, 현재는 북미 협상의 목표가 흐릿해진 상황이다. 무엇보다 김정은 정권이 크게 달라졌다. 여러 전문가들은 이러한 점들을 들어 북미 정상회담이 재개될 가능성을 낮게 본다.

나 역시 많은 이들로부터 '북미 정상회담이 다시 열릴까'라는 질문을 많이 받는다. 나는 2025년에는 정상회담의 가능성은 낮지만 다양한 방식으로 북미 접촉이 일어날 가능성이 높고, 2026년에는 정상회담의 가능성을 '높음'으로 예측한다. 물론 '하노이 노딜' 사례에서 알 수 있듯 회담이 합의를 보장하지는 않는다. 합의하더라도 이행될지는 미지수이다. 판문점 번개팅에서 트럼프는 한미연합훈련 중단을, 김정은은 북미 실무 회담 재개를 약속했지만 한미가 연합훈련을 강행하면서 안 하니만 못한 약속이 되어버렸다. 따라서 '김정은-트럼프 시즌 2'의 핵심적인 관건은 북미 접촉과 실무 회담에서 '서로 만족할 수 있고 이행 가능한 합의'에 도달할 수 있느냐가 될 것이다. 북미 실무 회담의 성패가 정상회담의 재개 여부를 결정지을 가능성이 높다는 뜻이다.

그러나 이런 예측보다 중요한 것은 '한국이 북미 정상회담의 재개·합의·이행을 위해 노력할 것인가' 하는 문제이다. 이 질문을 세부화해보면 상당한 논란이 야기될 수 있다. 만약 북미 정상회담 개최 결과 비핵화가 뒷전으로 밀리고 핵보유국으로서의 조선의 지위가 강해진다면? 북미 정상회담은 개최되지만 북미 관계 개선과 남북 관계의 악화나 정체가 맞물리는 상황은 어떻게 해소할 것인가? 한국을 배제하고 북

달라진 김정은, 돌아온 트럼프

160

미 평화협정 논의가 수면 위로 올라온다면 우리는 어떻게 대처해야 할 것인가? 북미 간의 합의가 주한미군의 대폭 감축으로 이어질 가능성을 높인다면? 아마도 극우·보수 진영은 이런 가능성을 의식해 북미 정상회담에 부정적인 태도를 보일 것이다. 또한 중도·진보 진영의 딜레마 역시 커질 것이다. 하지만 나는 설사 그렇더라도 한국이 북미 정상회담 성사를 위해 노력해야 한다고 생각한다.

돌아온 트럼프는 북미 정상회담을 추진할까?

일반에는 잘 알려지지 않은 사실이 있다. 바로 2018년 북미 정상회담이 성사된 배경이다. 우리에게 일반적으로 알려진 내용은 이렇다. 김정은이 2018년 3월에 방북한 문재인 정부 특사단에 북미 정상회담 개최를 희망한다는 입장을 밝히면서 미국에 이런 입장을 전달해달라고 요청했다. 이에 정의용 당시 안보실장이 백악관을 방문해 트럼프에게 김정은의 메시지를 전달했다. 트럼프는 마치 기다리기라도 했던 것처럼 그 자리에서 바로 수락했다. 하지만 사실 북미 정상회담을 최초로 제안한 사람은 트럼프였다.

　내막은 이렇다. 북미 간 위기가 절정에 달했던 2017년 말 조선은 유엔 사무차장인 제프 펠트먼의 방북을 요청했다. 이에 대해 미국 국무부는 "좋은 생각이 아니다"라며 부정적인 의견을 피력했다. 하지만 트럼프의 생각은 달랐다. 그는 백악관을 방문한 안토니우 구테흐스 유엔 사무총장과의 면담에서 "제프 펠트먼은 평양에 가야 한다. 그리고 내가 김정은과 만날 의사가 있다는 점을 전달해야 한다"라고 말했다. 이를 전달받은 펠트먼은 평양에서 리용호 외무상을 만나 트럼프의 비밀 메시지를 전달했다. 이에 놀란 리용호는 "믿을 수 없다"라는 반응을 보였지만, 펠트먼은 "나를 믿어달라는 것이 아니다. 나는 유엔이 트럼프 대통령으로부터 메시지를 전달해달라는 위임을 받았다는 것을 말하는 것이다"라고 밝혔다.* 이것은 펠트먼이 2021년 2월 21일 영국의 〈BBC〉 방송과의 인터뷰에서 밝힌 내용이다.

트럼프의 비밀 제안이 김정은의 판단에 어떤 영향을 미쳤는지는 알 수 없다. 하지만 북미 정상회담의 최초 제안자가 트럼프였다는 점은 중요한 부분이다. 한편 "2017년 트럼프가 김정은과 대립하던 하나의 장을 닫고 2018년 극적으로 180도 방향 전환을 하게 된 계기가 바로 이 제안이었다"라는 평가도 있다.**

• https://www.bbc.com/news/world-us-canada-56118936.

기실 트럼프의 조선에 대한 남다른 관심은 대권의 꿈을 표출하기 시작한 1990년대 말부터 생겨났다. 1999년 10월 24일 미국의 〈NBC〉에 출연해 특유의 대북관을 거침없이 드러낸 것이다. 당시 미국의 대북 정책은 선제공격론부터 협상론에 이르기까지 뒤죽박죽으로 엉켜 있었다. '협상의 달인'을 자처한 트럼프는 이에 분개하면서 자신이 대통령이라면 대북 선제공격을 결정하기에 앞서 "먼저 협상을 할 것이다. 정말 미친 듯이 협상해서 최선의 거래를 이끌어내려 노력할 것이다"라고 말했다. "그들은 결코 멍청한 사람들이 아니고", "이유가 있어서 핵무기를 개발하는 것"이라며 대화를 통해 그 이유를 캐내겠다고 역설했다. 이렇게 미국이 진지하다는 것을 보여주면 "그런 일", 즉 미국이 조선을 정밀 폭격하는 일은 "결코 일어나지 않을 것"이라고 주장했다.

하지만 그 후 트럼프가 목도한 미국 행정부의 태도는 진지함은 없고 한탄만 쏟아내는 데 그쳤다. 조지 W. 부시 행정부는 8년 임기 가운데 6년 넘게 조선과의 직접 대화를 거부했다. 버락 오바마 행정부는 "전략적 인내"라는 한가함에 대북 정책을 묶어두고 백악관을 나올 때 "미국이 직면한 최대 안보 문제는 북핵"이라고 트럼프에게 말했다. 이 와중

●● 《핵의 변곡점》, 시그프리드 헤커 지음, 천지현 옮김, 창비, 2023, 479쪽.

에 흥미로운 일도 있었다. NBA 스타 출신인 데니스 로드먼이 2013년 2월 평양을 방문해 김정은과 만나 '오바마와 대화하고 싶다'는 그의 메시지를 공개적으로 발신한 것이다. 그러자 미국에서 로드먼은 '친북주의자'라는 비난이 쏟아졌다. 하지만 트럼프는 달랐다. 〈FOX〉와의 인터뷰에서 "데니스는 대단히 영리한 사람"이라며 그가 말한 김정은과 오바마의 전화 통화는 "결코 나쁜 게 아니다"라고 엄호했다.

이렇듯 트럼프는 북미 정상회담이 개최되어야 한다는 소신을 오래전부터 일관되게 보여왔다. 남들이 안 하거나 못한 일을 '나는 할 수 있다'는 자아실현 욕구가 가장 큰 동기였다. 그는 2016년 대선 후보 당시에도 김정은과 만나겠다는 의지를 강력히 피력했다. 이를 두고 경쟁자였던 힐러리 클린턴 후보 측에서 '친북주의자'로 몰아붙였지만 트럼프는 소신을 꺾지 않았다.

그의 소신은 2024년 대선 유세 때에도 이어졌다. 그는 기회가 있을 때마다 자신이 대통령으로 재임할 당시 김정은과의 정상회담으로 전쟁 위기를 해결했다고 강조했다. 7월 중순 공화당 전당대회 대선 후보 수락 연설에서도 "나는 북한 김정은과 잘 지냈다"라며 "우리는 북한의 미사일 발사를 중단시켰다"라고 주장했다. 이어서 "이제 북한은 다시 도발을 이어가고 있다"라며 "많은 핵무기를 가지고 있는 누군가하고 잘 지내는 것은 좋은 일"이고 "우리가 다시 만나면, 나는 그들과 잘 지낼 것"이라고 강조했다. 이러한 일련의 흐름을 종합해보면, 북미 정상회담의 문을 열 하나의 열쇠를 쥔 트럼프의 의지는 확고해 보인다.

트럼프 1기 행정부 시절에는 북미 정상회담에 반대하거나 이를 방해한 참모들이 많았다. 하지만 지금은 다르다. 1기 트럼프의 백악관 국가안보회의(NSC) 비서실장이자 현재도 측근 가운데 한 명으로 뽑히는 프레드 플라이츠 미국우선주의정책연구소(AFPI) 부소장도 트럼프가 북미 정상회담을 추진할 가능성이 높다고 추측했다. 그는 2024년 7월 8일 〈채널A〉와의 인터뷰에서 "한반도 긴장 완화를 위해 트럼프가 김정은 북한 국무위원장과 일 대 일 개인 외교를 재개할 것이고 반드시 만날 것"이라고 밝혔다. 이에 앞서 5월 28일에 〈중앙일보〉와 가진 인터뷰에서는 "트럼프는 취임과 동시에 '아주 좋은 사람'을 대북 특사로 지명할 예정이다. 그를 빨리 평양으로 보내 정상회담으로 진전시킬 방안을 논의할 것"이라고 말했다.

트럼프의 당선 이후 나온 언론 보도도 조속한 북미 정상회담 추진에 대한 전망을 뒷받침해준다. 11월 27일 〈로이터〉통신이 트럼프 인수팀 사정에 밝은 복수의 소식통을 인용해 보도한 내용에 따르면, "2기 트럼프 행정부는 북한의 지도자 김정은과 직접적인 대화를 추구하는 방안을 논의하고 있다".
이 보도에 따르면 직접 대화의 1차적인 목표는 "무력 충돌의
위험을 낮추는 것"으로, "추후의 정책 목표나 정확한 시간표
는 아직 정해지지 않았다".* 이 보도에서 주목할 점은 세 가
지이다. 첫째는 트럼프의 인수팀이 북미대화를 검토했다는
것이다. 이는 북미대화가 후순위로 밀릴 것이라는 일반적인
예측과는 사뭇 다른 움직임이다. 둘째는 2기 트럼프 대북 정
책의 초기 목표가 무력 충돌 방지를 위한 긴장 완화가 될 가
능성이 높다는 것이다. 이는 조선의 수용 가능성을 높여 북
미대화 재개의 촉진 요인이 될 수 있다. 셋째는 2기 트럼프
행정부가 4년간 추구할 대북 정책의 목표가 아직 정해지지
않았다는 것이다. 1기 때처럼 비핵화를 목표로 삼을 것인지,
아니면 북핵 동결을 포함한 군비 통제로 잡을 것인지를 놓고
좌고우면하고 있는 것으로 풀이할 수 있다.

　　트럼프는 참모진을 구성하면서도 북미대화 추진을 염두
에 둔 행보를 보이고 있다. 2024년 11월 22일 1기 트럼프 행
정부에서 국무부 대북 정책 특별 부대표를 지낸 알렉스 웡을
백악관 국가안보수석부보좌관으로 지명한 것이다. 트럼프는

* https://www.reuters.com/world/trump-team-weighs-direct
-talks-with-north-koreas-kim-new-diplomatic-push-sources-
2024-11-26/.

그를 발탁한 배경으로 "대북 정책 특별 부대표로서 김정은 북한 노동당 총비서와의 정상회담 협상을 도왔다"라고 설명했다. 뒤이어 트럼프는 12월 중순에 "리처드 앨런 그레넬을 대통령 특임 특사presidential envoy for special missions로 지명하게 되어 기쁘다"라고 알리면서, "그는 베네수엘라와 북한을 포함하여 세계에서 '가장 뜨거운 지역the hottest spots'에서 일할 것"이라고 밝혔다. 또 그는 그레넬이 과거에 "유엔 안전보장이사회에서 8년 동안 북한과 일했다"라고 덧붙였다. 트럼프의 '외교 책사'로 불려온 그레넬은 미국의 이익과 안전을 위해서라면 적대국 지도자와도 대화할 수 있어야 한다는 소신을 피력해온 인물이다.

이러한 내용을 종합해볼 때, 트럼프는 임기 첫해부터 북미 회담을 향한 수순을 밟으면서 정상회담도 타진할 것으로 보인다. 트럼프가 취임 일성 가운데 하나로 "난 김정은과 매우 우호적이었고 그는 나를 좋아했다. 나는 그를 좋아했고 매우 잘 지냈다"라며, "그가 내가 돌아온 것을 반기리라 생각한다"라고 말한 것도 이러한 전망을 뒷받침해준다.

물론 상반된 예측도 가능하다. 가장 큰 근거는 1기 때와 달리 2기에서는 대북 정책 자체가 대외 정책의 최우선순위라고 보기 어렵다는 데 있다. 단연 최우선순위에 놓여 있는 것은 트럼프가 조속한 종전을 장담해온 러시아-우크라이나 전쟁이다. 이를 보여주듯 트럼프는 당선 직후에 젤렌스키 우크라이나 대통령 및 푸틴 러시아 대통령과 연이어 통화해 러-우 전쟁 문제를 논의했다. 중대 기로에 서 있는 중동 분쟁의 향방도 큰 변수이다. 또한 트럼프가 힘을 집중하겠다고 공언해왔고 미국 내에서 초당적인 합의가 이루어진 중국과의 전략 경쟁은 대북 정책의 시간표가 정해지는 데 큰 변수이다. 이렇듯 북핵 문제가 최대 이슈였던 2017년 1월 트럼프의 취임 당시와 오늘날의 상황에는 큰 차이가 있다.

북미 정상회담을 통해 문제를 풀겠다는 트럼프의 계획과 우크라이나 전쟁 및 미중 전략 경쟁 등 우선순위가 높은 다른 대외 정책 사이에 엇박자는 분명 존재한다. 그런데 사실 이들 사안과 대북 정책은 '연결된 문제'이다. 이는 마이클 왈츠의 발언에서도 확인할 수 있다. 그는 공화당 의원 시절이었던 2024년 6월 20일 〈CNN〉과의 인터뷰에서 "트럼프가 러시아에 무기를 지원하는 북한에 어떻게 대응할 것이냐"라는 질문에 "선적을 차단할 수 있다"라고 답했다. 또 안보보좌관으로 발탁된 직후인 11월 24일 〈FOX〉와의 인터뷰에서는 조선의 파병이 확전의 원인 가운데 하나라고 지적했다. 아울러 그는 하원 외교위원회 소속 의원으로 2023년 4월 한국을 방문했을 때 "난 김정은이 대만해협 분쟁을 기회로 보고 자기에게 유리하게 활용하려고 하는 상황을 우려한다. 그것은 세계에 악몽 같은 시나리오가 될 것"이라고 말했다.

트럼프가 러-우 전쟁을 끝내기 위해서는 복병으로 떠오른 조선의 대러 무기 지원과 파병 문제도 고려할 수밖에 없다. 이와 관련해 왈츠는 의원 시절에는 선박 운행 차단과 제재 강화 등 강경 대응을 주문했는데, 이는 조선과의 관계 개선을 추구하겠다는 트럼프의 입장과는 차이가 크다. 트럼프는 러-우 전쟁이 계속될 경우 김정은과의 친분을 내세우며 대북 특사 파견 등을 통해 조선의 대러 군사 지원 문제를 해결하겠다고 나올 수도 있다. 이것이 조선과의 소통 채널이 완전히 막혀 속절없이 우려만 표명하던 바이든 행정부와 확실한 차별성을 만들어낼 수 있고, 러-우 전쟁 종식 및 북미 관계 개선에 한 걸음 다가설 수 있는 방법이기 때문이다. 트럼프가 미국 시사 주간지 〈타임〉과의 인터뷰에서 "북한의 개입은 (우크라이나 사태를) 매우 복잡하게 만드는 또 다른 요소"라면서도 "나는 김정은을 매우 잘 알고", "그가 호락호락하지 않다고 느낀 인물은 내가 유일할 것"이라며, "내가 얼마나 훌륭한 일을 했는지 보여줄 것"이라고 말한 것도 이러한 분석을 뒷받침해준다.•

그리고 지정학적 상황을 고려할 때, 대만 사태 발생 시

• https://time.com/7201565/person-of-the-year-2024-donald-trump-transcript/.

조선의 선택은 러-우 전쟁보다 훨씬 큰 변수가 될 수 있다. 일각에서 우려하는 것과 달리 대만 사태 발생 시 조선이 남침을 감행할 가능성은 낮다고 해도 한반도와 인근 지역의 긴장을 고조시켜 주한미군과 주일미군의 대만 사태 개입을 견제할 수는 있기 때문이다. 이에 따라 2기 트럼프 행정부는 북미 관계 개선이 대만 문제 등에서 중국과 벌이는 전략 경쟁에서 우위를 점하게 하고, 미국 내에서 초당적으로 큰 우려를 표하고 있는 '중국-러시아-조선-이란 연대'를 막을 수 있다고 여길 수도 있다.

실제로 마코 루비오 국무장관은 인준 청문회에서 이들 4자 연대를 약화시키기 위해 조선과의 관계를 재정립할 필요성을 제기했다. 일각에서는 파격적인 제안까지 내놓는다. 실버라도 폴리시 액셀러레이터의 대표인 드미트리 알페로비치와 존스홉킨스대 국제관계대학원(SAIS)의 세르게이 라드첸코 교수는 트럼프가 조선-중국-러시아-이란의 반미 연합을 약화하기 위해 김정은과의 친분을 활용해야 한다고 주장했다. 이들은 트럼프가 이러한 전략적 목표를 위해 "북한의 완전한 비핵화"는 내려놓고 핵실험과 미사일 발사 중단, 핵·생화학 무기 및 미사일 기술의 제3국 이전 금지, 사이버 작전 중단, 비무장지대(DMZ) 인근 공격용 무기 철수 등을 조선에 요구해야 한다고 제안했다. 이에 대한 반대 급부로 조선과의 외교관계 수립, 경제제재 일부 해제, 평화협정 체결 등을 제시했다.*

하지만 트럼프의 대북 접근을 제약하는 요건들은 이뿐만이 아니다. 대표적인 것이 과거와 현재에 엇갈리고 있는 한국과 조선의 관계다. 남북 관계가 악화되었을 뿐만 아니라 김정은 정권이 대미 협상 시한으로 제시한 2019년 이후, 조선은 "안보는 핵으로, 경제는 자력갱생과 자급자족으로, 외교는 중국·러시아 중심으로 삼겠다"라며 "새로운 길"을 걸어왔다. 조선의 전략에서 북미 관계의 비중이 과거보다 훨씬 떨어진 것이다.

이렇듯 '시즌 1'과 비교할 때, '시즌 2'의 양상이 크게 달라진 것은 분명하다. 한국에서는 행위 주체가 바뀌었고 조선에서는 행위 주체의 생각이 크게 달라졌다. 시즌 1에서는 남북미 모두에게 한반도 비핵화 추구라는 공통분모가 있었지만, 오늘날에는 동상이몽이 너무나도 커졌다. 이에 따라 트럼프가 대북 정책의 목표를 어디에 둘 것인가가 매우 중요해졌다. 시즌 1과 마찬가지로 비핵화에 목표를 두면 북미 회담은 성사되지 않을 것이다. 반면 한반도 긴장 완화와 더불어

• Dmitri Alperovitch and Sergey Radchenko, "Trump-Kim, Part II, Could Shake Up the World", *The New York Times*, December 23, 2024.

ICBM 제한, 북핵 동결 등에 초점을 맞출 가능성도 있다. 트럼프가 대선 기간 내내 비핵화는 언급조차 하지 않으면서 "핵보유국 지도자와 잘 지내는 건 좋은 일"이라고 말해온 것도 이러한 가능성을 시사한다. 군비 통제가 북미 관계의 핵심 의제로 떠오를 수 있다는 뜻이다.

이와 관련해 마이크 폼페이오의 진단을 환기할 필요가 있다. 그는 트럼프 1기 행정부 초기에는 중앙정보국(CIA) 국장을 맡았다가 북미 정상회담 추진이 본격화된 2018년 4월부터 미국 외교의 사령탑인 국무장관으로 자리를 옮겨 북미 회담의 실무를 총괄했다. 그는 2023년 1월 출간한 《한 치도 양보하지 말라: 내가 사랑하는 미국을 위해 싸우다Never Give an Inch: Fighting for the America I Love》에서 2018년 6월 김정은과 트럼프가 첫 만남을 가진 이후 트럼프 임기 동안에는 조선의 핵실험이나 장거리 로켓 발사가 없었다며, "이는 꽤나 좋은 결과였다"라고 썼다. 그리고 비핵화라는 "완전한 성과에는 도달하지 못했지만, 대다수 미국인들이 환영할 수 있는 성과라고 생각한다"라고도 밝혔다. 폼페이오가 2기 트럼프 행정부에서 중용될 가능성은 없지만, 그의 이러한 평가는 트럼피즘의 핵심인 '미국 우선주의'와 궤를 같이한다.

트럼프의 야심이 노벨평화상 수상에 있다는 점도 중요하다. 그는 대통령 재임 당시 북미 정상회담을 통해 한반도 전쟁, 더 나아가 3차 세계대전을 막았다며 자신에게 노벨상 수상 자격이 있다고 강변한 바 있다. 2024년 10월 11일 디트로이트 대선 유세에서도 "내가 노벨상을 원한다거나 그렇지 않다는 것을 말하는 것은 아니지만", 버락 오바마도 2009년에 노벨상을 받았는데 "왜 나는 받지 못했냐"라며 야심을 숨기지 않았다. 이러한 질투심이 트럼프의 북미 정상회담을 비롯한 대외 정책에 어떤 영향을 미칠지도 관심사이다. 3선에 도전할 수 없는* 그로서는 노벨상 수상으로 정치인으로서의 업적을 화려하게 장식하고 싶어할 것으로 보이기 때문이다.

물론 북미 정상회담 자체로는 트럼프가 노벨상을 수상할 수 없을 것이다. 가장 큰 관건은 그가 공언해온 러-우 전쟁의 종식 여부이다. 이와 더불어 트럼프가 한국전쟁 종식에 또다시 관심을 가질지 여부도 우리에게는 중요하다. 그는 1차 북미 정상회담 직전에 "사람들은 한국전쟁이 아직 끝나지 않았다는 걸 깨닫지 못한다"라며 이 전쟁을 끝내는 것은 "축복"이라고 말한 바 있다. 하지만 1기 때에는 이른바 "어른들의 축 Axix of Adults"(약칭은 "어른들")이라고 불린 저항 세력의 반대로 종전선언이나 평화협정은 진전을 보지 못했다. '충성파'로 진

---

* 미국의 수정헌법 22조는 대통령의 임기를 재선까지만 허용하고 있다. 하지만 일부 공화당 의원 사이에서는 트럼프 대통령의 3선 도전이 가능하도록 헌법을 수정하자는 목소리가 나오고 있다.

용을 갖추고 있는 2기 트럼프가 이 문제에 다시 관심을 갖게 될지는 알 수 없다. 그러나 러-우 전쟁 종식과 더불어 70년을 훌쩍 넘긴 한국전쟁까지 공식적으로 끝낼 수 있다면, 그는 노벨상에 성큼 다가설 수 있을 것이라고 여길 수 있다. 이를 위해 트럼프가 평양행을 감행할 가능성도 있다.

이와 관련해 미국의 한반도 전문가인 조엘 위트는 "미국 대통령의 평양 방문은 양국이 위험한 충돌을 피하고 동북아에서 70년 동안 지속된 냉전을 끝내는 과정에 있음을 명백히 증명하는 사건이 될 것"이라며 이렇게 썼다.* "트럼프 대통령에게 평양 정상회담은 전 세계에서 가장 큰 관심을 끌어모을 최고의 홍보 활동이 될 것이며, 그가 2017년 취임 이후 집착해온 노벨상을 받는 것은 기정사실화될 것이다. 물론 워싱턴 정가의 평론가들과 의회, 언론은 유화 정책이라고 비판할 수도 있다. 그러나 일반 미국 시민들은 전쟁 위험을 줄이는 일이라면 무엇이든 환영할 것이며, 이를 실현할 수 있는 평화 중재자로서의 대통령을 지지할 것이다."

실제로 북한에 적대적인 미국 주류의 분위기와는 달리 미국인들의 상당수는 조선과의 관계 개선을 지지한다는 여론조사들이 있다. 2019년 10월 미국의 싱크탱크인 진보를 위

● https://www.38north.org/2025/01/trump-in-pyongyang/.

한 데이터Data for Progress에 따르면, 응답자의 67%가 조선과의 평화협정을 지지한 것으로 나타났다.* 김정은-트럼프의 정상회담 결과가 반영된 것으로 볼 수 있지만, 북미 갈등이 첨예해진 바이든 행정부 시기에도 이러한 추세는 계속 이어졌다. 미국 여론조사 기관인 해리스 폴The Harris Poll이 2023년 1월에 실시한 여론조사에서 응답자의 68%가 북미 정상회담을, 58%가 "비핵화를 위한 단계에 맞춘" 외교적·경제적 인센티브 제공을, 59%가 외교적 관계 수립을, 52%가 평화협정 체결을 지지한 것으로 나타났다.** 이러한 미국의 여론을 주목해야 할 이유는 자명하다. 트럼프는 주류에 대한 반감과 포퓰리즘으로 똘똘 뭉쳐 있는 인물이기 때문이다.

달라진 김정은은 어떻게 대응할까?

우리가 세계 최강국이자 한반도 문제에 큰 영향력을 갖고 있는 미국의 대북 정책에 대해 관심을 갖는 것은 자연스러운

* https://en.yna.co.kr/view/AEN20191029007700325.
** https://responsiblestatecraft.org/2023/02/06/americans-far-less-hawkish-on-north-korea-and-china-than-policy-elites-poll/.

일이다. 하지만 외교는 상대가 있는 게임이다. 김정은 역시 과거에는 북미 정상회담에 상당한 관심을 갖고 있었다. 그는 데니스 로드먼에게 버락 오바마 당시 대통령과의 소통과 만남 주선을 부탁했다. 트럼프를 상대로는 2017년 '벼랑끝 전술'로, 2018~2019년에는 '최대의 칭찬'으로 북미 정상회담을 성사시키려고 했고, 그 결과 세 차례의 만남과 26통의 친서를 교환했다.

하지만 조선은 미국에 협상 시한으로 제시한 2019년이 지나자 대미 관계 정상화의 미련을 접었다. 그리고 그 후 '가난하고 고립된 핵개발국'에서 '가난과 고립을 탈피한 핵보유국'으로 변모해왔다. '안보는 핵무력으로, 경제는 자력갱생과 자급자족으로, 외교는 중국 및 러시아 중심으로 삼겠다'는 "새로운 길"이 만만치 않은 성과를 내고 있기 때문이다. 그리고 그 파장은 일파만파로 번지고 있다. 다음의 표는 그 양상을 정리한 것이다.

여기서 '가난하고 고립된 핵개발국 북한'이라는 전제를 해부할 필요가 있다. 한국에서는 정치적 진영에 상관없이 조선의 가난과 고립이 비핵화라는 정책 목표 달성을 위한 정책 수단의 근거로 소비되었다. 대북 인식과 정치적 성향에 따라 접근 방식의 차이는 있었지만, 한국과 국제사회는 조선이 핵개발을 포기하면 가난과 고립에서 벗어나게 해주겠다는 기

한반도 대전환의 양상	1990~2019년	2020년 이후
조선의 위상 변화	가난하고 고립된 핵개발국	가난과 고립을 탈피한 핵보유국
조선의 대외 전략 목표	미국과의 관계 정상화	국제 질서 다극화를 위한 반미 연대
한반도 핵문제	양자·다자 협상을 통한 비핵화 모색	비핵화의 종언과 불가역적인 핵시대로 진입
북핵에 대한 주변국 입장	공동의 목표로 비핵화 추구	미일의 억제와 대응 vs 러시아의 인정과 중국의 묵인
남북 관계의 기본틀	통일 지향적인 특수 관계	적대적 두 국가로 고착화 우려
한국의 상황	선진국화에 대한 자신감	복합·다중 위기의 가속화
남북 체제 경쟁	한국의 압승	정점을 찍은 한국 vs 바닥을 친 조선
한미일 대 북(중)러	허상	실재
북러 관계	악화에서 개선	전략 동맹으로 강화

본 방식을 취했다. 조선도 과거에는 타자와의 관계를 통해 가난과 고립에서 탈피하길 원했다는 점에서 크게 다르지 않았다. 하지만 2020년 이후 모든 게 달라졌다. 조선의 핵개발은 역대급으로 치달아왔지만, 그렇다고 조선이 더 가난해지고 고립되지는 않은 것이다. 오히려 그 반대인 상황이다.

이처럼 '대미 관계 정상화 포기와 대미 장기전 돌입'을 핵심으로 하는 조선의 대전환은 '미국의 대조선 적대시 정책'에 가시적인 변화가 선행되지 않는 한, 쉽게 바뀌지 않을 것이다. 하지만 트럼프의 재등장은 조선의 전략적 셈법에 영향을 미칠 것이며 그 예고편은 이미 나왔다.

미국 대선 기간에 조선이 내놓은 입장은 두 가지이다. 하나는 2024년 7월 23일 조선중앙통신이 공화당의 대선 후보가 된 트럼프를 향해 "공은 공이고 사는 사"라며 "미국은 조미 대결사의 득과 실에 대해 고민해보고 옳은 선택을 하는 것이 좋을 것"이라고 논평한 것이다. 이는 김정은이 2018~2019년에 쌓았던 트럼프와의 개인적인 유대가 북미 관계를 새롭게 바꿀 수 있는 "신비로운 힘"이라고 여긴 것에 대한 오판을 반복하지 않겠다는 의미이다. 동시에 "옳은 선택"을 강조함으로써 공은 트럼프 쪽에 있다는 점도 시사한 것이다.

또 하나는 8월 4일에 나온 김정은의 발언이다. 그는 평양에서 진행된 신형 전술탄도미사일 발사대 인계인수식 연설에서 "대화도 대결도 우리의 선택으로 될 수 있지만, 우리가 보다 철저히 준비되어 있어야 할 것은 대결"이라고 말했다. 또 "대화를 하든 대결을 하든 강력한 군사력 보유는 주권국가가 한시도 놓치지 말고 또 단 한걸음도 양보하지 말아야 할 의무이며 권리"라고 덧붙였다. 그리고 그 이유로 "우리가 마주하고 있는 미국이 결코 몇 년 동안 집권하고 물러나는 어느 한 행정부가 아니라 바로 우리의 후손들도 대를 이어 상대하게 될 적대적 국가"라는 점을 들었다. 대결에 방점이 찍혀 있지만, 김정은이 대화를 언급한 것은 2021년 6월 노동당 전원회의 이후 3년 2개월 만이었다.

김정은이 미국 대선 직전에 내놓은 발언도 주목할 필요가 있다. 그는 10월 31일 "최신형 대륙간탄도미사일 '화성포-19형'의 시험 발사"를 현지 지도한 자리에서 "핵무력 강화 노선을 그 어떤 경우에도 절대로 바꾸지 않을 것"이라고 말했다. 동시에 '화성-19형'을 '화성-18형'과 함께 운용할 "최종 완결판 ICBM"이라고도 말했다. 이는 조선이 차기 미국 행정부의 태도에 따라 대미 전략무기를 유연하게 운용할 수 있다고 암시한 것으로 해석할 수 있다. 그러면서도 김정은은 트럼프가 당선된 지 보름 후인 11월 21일 미국을 향해 강경 발언을 쏟아냈다. "우리는 이미 미국과 함께 협상주로의 갈 수 있는 곳까지 다 가보았으며 결과에 확신한 것은 초대국의 공존 의지가 아니라 철저한 힘의 립장과 언제 가도 변할 수 없는 침략적이며 적대적인 대조선정책이었다"라며, 1기 트럼프와의 협상 결과에 대한 불만을 소환한 것이다.

이러한 입장을 종합해보면, 조선은 트럼프의 당선을 계기로 대외 전략 노선의 재검토에 들어갈 개연성이 높아 보인다. 먼저 '공사 구분'을 강조한 데에는 두 번 다시 실수하지 않겠다는 뜻도 있지만, 트럼프 행정부가 공과 사가 얼마나 일치하는 입장을 보일지 두고 보겠다는 의미도 담겨 있을 수 있다. 또 조선은 북미 정상회담 프로세스가 실패로 돌아간 것은 마이크 폼페이오 당시 국무장관과 존 볼턴 당시 백악관 안보보좌관 등 'X맨들'의 농간이 컸다고 본다. 이에 따라 조선은 북미 정상회담을 서두르기보다는 트럼프 2기의 외교안보팀 구성과 입장을 먼저 지켜볼 것으로 예상된다.

이와 관련해 현재 트럼프 2기 행정부 구성과 미국 내 정치 지형이 조선에게 유리하게 조성될 가능성이 높다는 점에 주목할 필요가 있다. 우선 트럼프는 "어른들" 혹은 "저항 세력"이라고 불렸던 비토 세력을 최대한 배제하고 '예스맨(충성파)'들로 참모진을 구성했다. 따라서 2기 트럼프 행정부의 대북 정책 '균질성'은 1기 때보다 강해질 것이다. 또 공화당이 상하원을 모두 석권하면서 의회에서 트럼프의 행보에 발목을 잡는 일도 줄어들 전망이다. 2019년 2월 2차 북미 정상회담을 앞두고 다수당이었던 민주당이 트럼프의 개인 변호사 출신인 마이크 코언의 청문회를 같은 날로 잡아 하노이로 향하던 트럼프의 시선을 의사당에 묶어두었던 일이 재발하지 않을 것이라는 뜻이다.

김정은의 대미 강경 발언도 다른 각도에서 해석할 필요

가 있다. 조선은 2020년 미국 대선 때에는 대선 기간은 물론
이고 바이든 당선 후 약 4개월 동안 철저하게 침묵을 지켰
다. 하지만 이번 대선에는 간헐적으로나마 관심을 표명해왔
다. 김정은이 2024년 11월 21일에 내놓은 발언도 주로 바이
든 행정부를 겨냥한 것이었다. "핵을 공유하는 군사동맹체
확대, 방대한 전략 타격 수단 전개, 군사적 압박과 도발 수위
고조" 등은 바이든 행정부 시기에 한미 동맹이나 한미일 군
사협력 차원에서 이뤄진 것들이기 때문이다. 한편 김정은은
"미국의 패권 욕망이 폭발의 임계점을 벗어나 참혹한 전쟁
과 파국적 재단이 벌어지고" 있다며 현 세계 정세를 "란장판"
이라고 진단했는데, 이 역시 바이든 행정부를 비난한 성격이
짙다. 김정은의 발언에는 트럼프가 바이든과 어떤 차별성을
보여줄지 지켜보겠다는 의미가 담겨 있는 셈이다.

　이러한 내용을 종합해볼 때, 트럼프의 귀환을 계기로 김
정은 정권이 국가 전략에서 또 하나의 선택지를 쥐게 될 공
산이 커졌다. 2020년부터 '남방 외교'의 문을 굳게 닫고 '북
방 외교'로 방향을 튼 조선은 북중 혈맹 관계를 회복시켰지
만 현재는 조정기에 들어갔고, 러시아와는 급속도로 전략적
동맹 관계를 구축했다. 이러한 상황에서 "러브 레터"를 주고
받았던 트럼프의 복귀는 김정은 정권이 다시 전략적 그림을
그리는 계기가 될 수 있다. 즉 트럼프의 묵인하에 핵보유국

지위를 굳힐 수 있다고 판단할 수도 있다. 대선을 앞두고 민주당과 공화당 모두 정강 정책에 비핵화를 포함시키지 않았고, 트럼프가 대선 기간 내내 "핵보유국 지도자와 잘 지내는 것은 좋은 일"이라고 말한 것도 조선의 기대치를 높이는 배경이 될 것이다.

그럼 '시즌 2'를 맞은 조선의 대외 목표는 무엇일까? 조선이 최근 부쩍 강조해온 "전략 국가"와 "전략적 균형", 그리고 "국제 질서의 다극화"에서 답을 찾을 수 있다. 이들 세 가지 목표를 아울러 핵보유국으로서의 지위를 군건히 하고, 이를 바탕으로 자신에게 유리한 방향으로 국제 정세가 변화할 수 있도록 도모하겠다는 것이다. 이미 핵무력법 제정과 헌법 개정을 통해 핵보유국 지위를 공고히 하는 국내적 절차를 마무리한 조선은 외부에서도 이러한 지위를 인정받기 위해 노력 중이다. 러시아의 푸틴 대통령은 이미 조선을 핵보유국으로 인정한 상황이다. 조선은 이를 지렛대로 삼아 중국의 시진핑 정권에게도 핵보유국 인정을 요구하고 있는데, 이게 바로 최근 북중 관계에 냉기가 흐르고 있는 본질적인 이유이다.

조선의 핵보유국 지위와 관련해 현실적으로 가장 중요한 것은 미국의 입장이다. 그런데 트럼프 행정부가 취임 직전과 직후에 조선의 핵보유를 용인하는 듯한 입장을 내놨다. 1월 중순에 진행된 인사 청문회에서 피트 헤그세스 국방장관 지명자, 마코 루비오 국무장관 지명자, 존 랫클리프 CIA 국장 지명자 등 외교안보 분야 3인방 중 누구도 '한반도 비핵화'를 2기 트럼프 행정부가 추진할 정책 목표로 거론하지 않았다. 심지어 헤그세스는 조선을 "핵보유국"이라고 칭했다. 그리고 1월 20일 취임식을 마친 트럼프는 김정은과의 친분을 거듭 강조하면서 "조선은 이제 핵보유국이 되었다"라고 말했다. 이러한 일련의 흐름은 핵보유국 지위를 다지려고 하는 김정은 정권의 전략적 목표와 부합한다.

아마 러시아-우크라이나 전쟁이 휴전·종식되면 이 전쟁을 계기로 밀착되어온 북러 관계도 조정 국면에 들어갈 것이다. 그리고 조선은 양대 강국인 미국과 중국을 상대로 '등거리 외교'를 추구하려고 할 것이다. 미중 전략 경쟁은 이를 위한 환경을 조성해줄 터이고, 북미 정상회담은 조선의 등거리 외교를 위한 유력한 카드가 될 것이다. 2018~2019년에 김정은과 트럼프가 세 차례 만날 당시, 그 전까지는 한 번도 이루어지지 않았던 김정은-시진핑 정상회담이 다섯 차례나 열렸다. 북미 정상회담이 북중 관계의 회복과 강화를 촉진한 셈이다. 이런 점을 볼 때 또다시 북미 정상회담 추진이 진행된다면 북중 관계에도 상당한 영향을 줄 것이다. 특히 김정은이 트럼프로부터 조선의 제한적인 핵보유를 묵인받는다면, 시진핑을 설득하는 것 역시 용이해질 수 있다. 시진핑의 입장에서도 부담이 덜해지는 것이다.

앞서 나는 김정은이 트럼프의 귀환을 계기로 다시 전략적 그림을 그릴 가능성이 있다고 주장한 바 있다. 아마도 그의 머릿속에는 핵보유국의 지위를 공고히 하면서도 '북러 동맹 유지-북중 관계 안정화-북미 관계 개선'이라는 지금까지 한 번도 경험하지 못한 전략적 지위를 다질 수 있는 구상이 맴돌고 있을 것이다. 김정은은 이러한 구상이 현실로 다가올수록 동북아 정세의 또 다른 변수인 북일 관계에서도 자신의 발언권을 키울 수 있다고 여길 것이다. 따라서 나는 트럼프가 한반도 비핵화를 의제에 포함시키지 않고 접근해온다면, 김정은도 호응할 가능성이 높다고 본다.

물론 이에 대한 반론도 존재한다. 그 근거로 크게 세 가지 이유를 생각해볼 수 있다. 첫째, 북미대화가 재개되어도 조선이 비핵화에 동의하지 않으면 대북 제재 해결이 난망하다는 것이다. 이미 조선은 2차 북미 정상회담에서 영변 핵시설 완전 폐기와 부분적인 제재 해제를 맞교환하자는 제안을 내놓았지만 낭패를 본 경험이 있다. 많은 전문가들은 조선이 제재 해결을 여전히 우선순위로 두고 있다고 보기 때문에 "조선이 뭘 기대하고 북미대화에 임하겠느냐, 조선은 비핵화가 불가하다고 하지 않느냐"라는 반론을 제기한다. 하지만 조선의 최우선 기대치를 제재 해결로 보는 것은 '과거의 북한'을 상정한 분석이다. 2021년 8차 당대회에서 제재를 자력 갱생과 자급자족을 실현할 수 있는 "좋은 기회"로 삼기로 한 이후 상당한 성과를 내고 있다고 자평하는 현재 조선의 모습을 생각한다면 이것은 큰 설득력이 없다고 할 것이다.

둘째, 북미대화 재개 시 유력한 의제인 군비 통제가 조선의 핵무력을 포함한 국방력 강화 노선과 맞지 않을 수 있다는 것이다. 나 역시 이것이 북미대화의 조속한 재개의 걸림돌이 될 것이라고 판단하기에, 조선이 2021년 1월 발표한 '국방력 발전 5개년 계획'의 종료 시점인 2025년까지는 실질적인 북미대화가 열리기 어렵다고 본다. 그리고 5개년 계획이 종료된 이후에는 조선의 셈법이 달라질 것이다. 5개년 계획에는 극초음속 미사일, 초대형 핵탄두와 전술핵, 고체 연료를 사용하는 ICBM, 수중 핵전략 무기, 군사정찰 위성 및 무인기 등이 망라되어 있는데, 대부분은 2025년 이내에 개발이 완료될 전망이고, 이는 대미 전략의 방향 전환으로 이어질 수 있다.

조선의 핵무력 강화 노선이 한미일의 군비 증강 및 동맹 강화에 대한 맞대응의 성격이 짙다는 점을 이해하는 것도 중요하다. 조선이 최근 "전략적 균형", "군사력 균형"을 강조하고 있는 것도 이러한 맥락에서 비롯한 것이다. 따라서 트럼프 행정부 2기 때 한미 동맹 및 한미일 군사협력의 향방이

관건이 될 것이다. 구체적으로는 한미 동맹을 "핵 기반 동맹"으로 강화했다는 윤석열-바이든의 '워싱턴 선언'의 계승 여부, 바이든 시기에 부쩍 강해진 한미(일) 연합훈련의 실시와 미국 전략자산의 한반도 전개 여부 등을 들 수 있다. 이들 문제와 관련해 트럼프가 자제를 선택한다면, 조선도 핵무력 강화 노선에 변화를 줄 수 있다. 제재 문제보다 군사 문제가 더 큰 쟁점이 될 것이라는 뜻이다.

끝으로 조선이 전략 동맹으로 강화되고 있는 러시아와의 관계를 고려해 북미대화에 임하지 않을 것이라는 반론이 있다. 이와 관련해 김연철 전 통일부 장관은 "미국은 북한에 대화 제의를 해서 북러 관계의 틈을 벌리려고 하겠지만, 북한은 러시아에서 얻을 수 있는 이익이 있는 한, 불확실한 대미 협상에 흥미를 보이지 않을 것"이라고 주장한다.* 북미러 삼각관계의 핵심적인 변수는 러-우 전쟁의 향방과 이와 연계된 조선의 대러 군사 지원이다. 전쟁이 계속되면 삼각관계에도 일대 파란이 일어나겠지만, 휴전이나 종전이 이뤄지면 새로운 전기를 맞이할 수도 있다는 뜻이다.

김정은이 정상회담을 통해 반드시 미국으로부터 제재 해결 등 무언가를 얻으려고 할 것이라는 진단도 재고해야 한

• https://www.hani.co.kr/arti/opinion/column/1170142.html.

다. 현재 전 세계의 많은 지도자들이 트럼프와의 회담을 갈망하며 번호표를 뽑고 자신의 차례를 기다리는 듯한 상황이다. 그런데 김정은은 트럼프가 먼저 손을 내밀고 있는 거의 유일한 지도자이다. 그래서 김정은은 트럼프와의 회담 자체만으로도 자신 및 조선의 지위를 높이는 효과가 있을 것이라고 여길 수 있다. '가난과 고립을 탈피한 핵보유국'이 되고 있다는 조선의 자신감과 더불어 시즌 1과는 달리 북미 양측의 요구 수준이 낮아질 것이라는 분석은 이러한 전망과 맞닿아 있다. 성과를 갈망하면서 북미 정상회담에 임했던 과거와는 달리 앞으로는 정상국가의 일원이자 전략적 지위의 강화를 원하는 국가의 정상으로서 북미 회담에 임할 수 있다는 뜻이다. 아마도 그 시기는 2026년부터가 될 것이다.

북미 정상회담은 언제 열리고 핵심 쟁점은 무엇일까?

북미 정상회담의 개최 여부와 그 시기에 있어서 러-우 전쟁의 향방이 최대 변수라는 점은 앞서 설명한 바 있다. 또 하나의 변수라고 할 수 있는 한국 정부의 태도는 '12·3 내란 사태' 및 윤석열 탄핵 국면으로 인해 단기적으로는 변수가 되지 않을 전망이다. 조선의 정치 일정 역시 중요한 요소이다. 2025년은 조선이 2021년 8차 당대회에서 선포한 경제 건설 및 국방력 발전 5개년 계획의 마지막 해이다. 따라서 2025년에는 5개년 계획의 목표 달성에 총력을 기울이면서 2026년 초에 열릴 것으로 예측되는 9차 당대회를 계기로 대미 전략의 윤곽을 드러내 보일 것으로 전망된다. 내가 3차 북미 정상회담이 2026년에 열릴 것으로 전망하는 까닭이다.

가능성은 낮지만 그 시점이 빨라질 수도 있다. 1차 변수는 트럼프가 조속히 대북 특사를 타진하고 조선이 호응할지 여부이다. 이게 성사된다면, 미국은 북미 정상회담 재개를, 조선은 이를 위한 조건과 환경을 언급할 것이다. 조선이 제기하는 조건과 환경의 핵심은 트럼프가 과거에 약속했던 한미연합훈련 중단 및 바이든 행정부에 들어선 후 한층 강해진 미국의 전략자산 전개 중단, 그리고 비핵화 요구 철회 등이 될 것이다. 미국은 이에 상응하는 조선의 조치, 즉 핵실험 및 장거리 미사일 발사 중단을 요구하면서 비핵화 문제는 장기 과제로 논의하자고 제안할 것으로 보인다. 이러한 입장이 서로 만족할 수 있는 방향으로 화학작용이 일어나면 북미 정상회담은 2025년에도 열릴 수 있다.

북미 정상회담의 성사 여부 및 시기의 최대 변수는 한미연합훈련이 될 공산이 크다. 조선은 미국에 새로운 행정부가 들어설 때마다 대북 정책의 '풍향계'로 이 문제를 줄곧 제기해왔다. 2009년 버락 오바마 행정부가 출범한 직후 조선은 한미연합훈련 취소를 강력히 요구했지만, 받아들여지지 않자 오바마 행정부가 제안한 대북 특사를 수용하지 않았다. 2021년 출범한 바이든 행정부를 상대로는 더 강력한 입장을 보였다. 그해 3월 한미연합훈련이 실시되자 이를 강력히 비난하면서 북미대화의 문을 굳게 닫아버린 것이다. 바이든 행정부는 줄곧 "조건 없는 대화"를 제의했지만, 조선은 묵묵부답으로 일관했다.

숱한 화제를 뿌렸던 김정은과 트럼프의 시즌 1이 종방된 것 역시 한미연합훈련과 밀접한 연관을 갖는다. 대개 두 사람의 브로맨스가 끝난 시점을 '하노이 노딜'로 언급하지만, 사실은 그렇지 않다. 하노이 노딜 이후 4개월 만에 판문점에서 다시 만난 두 사람은 '한미연합훈련 중단과 북미 실무 회담 개최'라는 합의를 이뤄냈다. 그런데 미국이 약속을 지키지 않고 8월에 연합훈련을 실시하기로 하자, 김정은은 "나를 바보 취급하지 말라"라며 미련을 접었다. '실연'의 직접적인 사유가 한미연합훈련에 있었던 만큼 '재회'의 가능성 역시 이 문제와 무관하지 않다.

그럼 트럼프는 시즌 2에서 어떤 선택을 할까? 선택지는 세 가지이다. 하나는 바이든 행정부처럼 한미연합훈련을 계속하는 것이다. 이 경우 북미 정상회담 가능성은 낮아진다.

또 하나는 훈련의 조건부 중단 의사를 밝히는 것이다. 이때 조선에 요구하는 조건은 핵실험과 장거리 미사일 발사 중단과 같은 상응 조치나 북미 정상회담 수락 등이 될 수 있다. 이 경우 북미 정상회담이 불투명해진다. 끝으로 북미 정상회담 분위기 조성 차원에서 전격적으로 연합훈련 중단을 발표하는 것이다. 트럼프는 과거에도 연합훈련이 "돈이 많이 드는 도발적인 전쟁 연습"이라며 중단을 지시한 바 있다. 트럼프가 1기 때와는 달리 펜타곤을 비롯한 안보팀을 '충성파'로 채웠기 때문에 예단하기는 어렵지만 세 번째 가능성을 배제할 수 없다.

단기적이면서도 중요한 변수는 2025년 3월 한미연합훈련 실시 여부에 있다. 한미연합훈련은 2기 트럼프 행정부에 대한 조선의 입장과 태도를 결정하는 데 큰 영향을 미칠 것이다. 그런데 현재로서는 연합훈련의 실시 여부가 짙은 안갯속에 있다. 일단 "연례적이고 방어적인 훈련"이라는 한미 동맹의 관성이 만만치 않다. 이에 더해 한미의 연합훈련 결정을 앞두고 조선의 미사일 시험 발사 같은 도발 행위가 일어나면 대북 압박 차원에서 연합훈련을 강행할 가능성도 있다. 하지만 트럼프 자신이 연합훈련을 탐탁지 않게 생각하는 데다 펜타곤이 반기를 들 가능성도 낮아졌기 때문에 쉽게 연합훈련의 실시 여부를 가늠하기는 어렵다. 문재인 정부는 전시작전권 환수를 위해 연합훈련에 집착했지만, 전작권 환수가 현재 한국 정부의 중대 과제라고 보기도 어렵다. 현재 한국이 윤석열 탄핵 인용 시 조기 대선을 치러야 하는 상황이라는 점도 중요한 요인이다. 이러한 예측 불허의 상태에서 트럼프가 어떤 결정을 내리느냐는 중요할 수밖에 없다.

북미 정상회담 개최 여부는 양측의 목표와 회담 의제와도 직결되어 있다. 시즌 1에서 트럼프는 완전한 비핵화에 있어서, 김정은은 대북 제재 해결에 있어서 '조기 수확'을 원했다. 그래서 양측 모두 최대의 압박과 최대의 관여를 추구했다가 목표 달성이 불가능하다는 것을 깨닫자 결별의 수순을 밟았다. 따라서 '시즌 1'에서 합의하고 논의했던 사항을 '시즌 2'에서 달라진 현실과 어떻게 조율하느냐가 관건이다.

2018년 6월 1차 정상회담에서 나온 싱가포르 공동성명은 1) 북미 관계 정상화, 2) 한반도 평화 체제 구축, 3) 한반도 비핵화 추진을 골자로 한다. 조선은 아직까지 이 성명의 무효를 선언하지 않았다. 2기 트럼프가 이 성명의 기초 위에서 협상을 제안하자고 요구할지, 이러한 요구에 조선이 어떻게 반응할지가 북미 정상회담 재개에 중요한 포인트가 될 것이다. 조선으로서는 1)과 2)에 관심을 다시 가질 법하지만 3) 비핵화를 전제로 하거나 수반하는 것이라면 회담 자체를 거부할 가능성이 높다. 일단 비핵화를 언급하지 않으면서 조선을 대화 테이블로 불러내려고 하는 2기 트럼프 행정부가 대북 접촉이나 대화 과정에서 비핵화를 거론할지, 아예 비핵화를 내려놓을 것인지가 가장 중요한 고심거리가 될 거라는 뜻이다.

또 하나의 관심사는 북미가 '하노이 노딜'을 복기하면서 당시 협상 내용을 골자로 양국 관계의 진전을 모색할지 여부이다. 당시 조선은 영변 핵시설의 완전 폐기와 장거리 미사일 발사 중단을 제안하면서 민생과 관련된 대북 제재 해결을 요구했다. 이에 대해 미국은 영변 이외의 지역에도 우라늄 농축 시설이 있을 것이라고 판단해 이 문제의 해결도 포함되어야 하고 실질적인 대북 제재 해제는 비핵화 이후에나 가능하다는 입장을 고수했다. 이런 문제들 때문에 협상에 난항을 겪자 트럼프는 '나쁜 거래bad deal'보다는 '노딜'이 낫다며 협상 결렬을 선언했다. 그후 국내외의 여러 전문가들은 북미 협상이 재개되면 1차 북미 정상회담에서 논의된 내용을 바탕으로 삼아야 한다고 권고해왔다. 북미가 당시 협의된 내용을 기초로 합의 및 이행에 도달한다면 큰 의미를 가질 것이다.

하지만 이런 노력을 기울이는 동시에 하노이 노딜 이후 6년 사이에 달라진 현실도 직시해야 할 것이다. 우선 하노이 협상 당시에는 한반도의 완전한 비핵화를 목표로 하면서 1단계 합의를 시도했던 반면, 현재는 조선이 '불가역적인 핵보유국'을 선언한 이후 핵무력 강화에 매진해온 현실을 고려할 때 비핵화 협상에 다시 나설 가능성은 거의 없는 실정이다. 이를 의식한 트럼프 행정부의 기류 변화도 주목된다. 피트 헤그세스 국방장관, 마코 루비오 국무장관, 존 랫클리프 CIA 국장 등 외교안보 분야 3인방은 2025년 1월 14~15일에 걸쳐 진행된 인사 청문회에서 '한반도 비핵화'를 2기 트럼프 행정부가 추진할 정책 목표로 일체 거론하지 않았다. 심지어 헤그세스는 청문회 답변서에 "핵보유국으로서의 조선의 지위The DPRK's Status as a nuclear power"라고 썼고, 트럼프도 취임일에 같은 단어를 썼다.

이러한 상황 전개를 볼 때 적어도 2기 트럼프 초기에 핵문제를 놓고 북미 간에 접점이 만들어질 수 있다고 예측할 수 있다. 트럼프 행정부가 비핵화를 더 이상 언급하지 않고 핵보유국이라는 명칭을 사용한 것은 김정은 정권의 관심을 유도하기 위한 것으로 해석할 수 있기 때문이다. 하지만 대화와 협상이 본격화되면, 핵문제 논의가 어느 방향으로 진행될지 예단하기는 어렵다.

대북 제재 문제 역시 양상이 달라질 수 있다. 이제 조선 입장에서는 제재 해결이 '갈망의 대상'에서 '불감청고소원不敢請固所願'으로 바뀌었고, 그래서 조선이 대미 협상에서 제재 해결을 먼저 강하게 제기하지는 않을 것이란 뜻이다. 트럼프 행정부의 기류도 바뀌고 있다. 1기 때에는 대북 제재를 '최대 압박'의 핵심적인 도구로 삼았던 반면, 2기 들어서는 제재 무용론을 인정하는 흐름이 나타나고 있는 것이다. 이와 관련해 루비오는 인준 청문회에서 "어떤 제재도 북한이 핵능력을 개발하는 것을 막지 못했고 핵 개발에 필요한 자원을 확보하는 것도 못 막았다"라며 제재의 한계를 명확히 짚었다. 루비오의 이러한 판단은 대북 정책에 반영될 가능성이 높아졌다.

2기 트럼프가 제재를 비핵화를 압박하는 수단에서 조선을 설득하는 유인책으로 활용할 가능성도 있다. 트럼프 행정부가 비핵화에 앞서 당면 과제로 삼고 있는 조선의 ICBM 제한과 핵동결, 군사적 긴장 완화, 북미 관계 개선 등을 위해 일부 제재를 해제할 수 있다는 뜻을 내비칠 수 있다는 의미이다. 이와 관련해 트럼프가 취임일에 "난 김정은이 해안가에 엄청난 콘도 역량을 보유하고 있다고 생각한다. 그는 많은 해안을 갖고 있다"라고 말한 내용을 생각해볼 필요가 있다. 부동산 개발업자 출신인 트럼프는 1기 때에도 조선의 부동산 개발에 관심을 표명했다. 대선 유세 때인 2024년 8월에도 "(조선은) 러시아, 중국, 한국 사이에 정말 많은 돈을 벌 수 있는 훌륭한 부동산을 갖고 있고 양쪽 바다 해안가에 아름다운 콘도가 올라가는 모습을 생각해보라고 김정은에게 말했다"라고 밝혔다.

이러한 트럼프의 발언은 김정은의 관심사와 통하는 부분이 있다. '김정은의 숙원 사업'으로 불려온 원산 갈마해안 관광지구가 2025년 초 완공되어 6월 개장을 목표로 하고 있다. 또 조선은 코로나19로 답보 상태에 있었던 금강산관광지구 개발도 본격화한다는 방침이다. 김정은은 2024년 연말에 갈마해안관광지구를 돌아본 뒤 "금강산관광지구와 갈마해안 관광지구를 연결하는 관광문화지구를 잘 꾸리라"라고 지시한 바 있다. 따라서 북미 정상회담이 열릴 경우 조선의 동해안 중심의 관광 지구 개발과 활용이 의제로 다뤄질 수 있다. 다만 이게 실효성을 가지려면 유엔 안보리와 미국의 독자 제재가 완화되어야 한다.

조선의 ICBM 능력이 판이하게 달라졌다는 점도 중요하다. 트럼프는 1기 행정부 당시 조선의 ICBM을 제한한 것이 최대 성과였다고 주장해왔는데, 이번에도 '미국 우선주의'를 더욱 강력하게 내세운 만큼 이 문제에 우선적인 관심을 보일 가능성이 높다. 하지만 조선은 바이든 행정부 4년간 ICBM 능력을 비약적으로 강화해왔을 뿐만 아니라 이를 '전략적 균형'의 핵심 전력으로 삼아왔다. 특히 김정은은 "조미 대결의 장기성"을 강조해왔기 때문에 트럼프와의 관계가 좋아지더라도 그 이후의 미국도 염두에 둘 것이다. 내가 북미 협상의 재개 여부 및 재개시 핵심 쟁점이 바로 ICBM 문제가 될 공산이 크다고 보는 이유이다.

이외에 트럼프 행정부의 우선적인 관심사로는 전쟁 위기가 일상화된 한반도를 비롯한 동북아의 긴장 완화를 꼽을 수 있다. 이와 관련해 루비오는 인준 청문회에서 "우리가 남북한, 어쩌면 일본, 그리고 궁극적으로 미국을 포함하는 우발적 전쟁의 위험을 낮추기 위해 무엇을 할 수 있는지 봐야 한다"라고 말했다. 그리고 "다른 나라들이 각자의 핵무기 프로그램을 추구하도록 자극하지 않으면서 위기를 막기 위해 우리가 무엇을 할 수 있느냐"라고 자문한 뒤 "이것이 우리가 찾는 해결책"이라고 강조했다. 동북아에서 전쟁 위기를 해소하고 이를 발판으로 삼아 한국과 일본 등의 자체 핵무장론을 차단하겠다는 뜻으로 읽을 수 있는 대목이다.

이러한 점들을 종합해볼 때, 향후 북미대화는 긴장 완화와 군비 통제에 방점이 찍힐 것으로 보인다. 미국 조야에서도 비핵화가 당분간은 현실 가능한 목표가 아니라면서 군비 통제를 추진해야 한다는 목소리가 높아져왔다. 조선도 자신들이 핵억제력을 유지하는 상황을 전제하되 미국의 군사적 상응 조치가 수반되는 군비 통제에는 관심을 가질 수 있다. 가령 조선 측의 의무 사항으로 ICBM 제한, 핵실험 중지와 풍계리 핵실험장 완전 폐쇄, 그리고 영변 핵시설 폐기 등 추가적인 핵무기 생산 중단 등이 있을 수 있다. 이에 대한 미국의 상응 조치로는 한미연합훈련과 미국의 전략자산 전개 중단이나 축소 등이 포함될 수 있다.

하지만 세부적인 내용으로 들어가면 군비 통제도 결코 쉽지는 않을 것이다. 군비 통제는 동결, 감축, 폐기 등을 포괄하는 개념인데, 방금 언급한 내용은 주로 '동결'에 해당된다. 이에 더해 '감축'과 특정 무기의 '폐기'까지 거론되면 접점을 찾는 게 매우 어려워질 수 있다. 최대 쟁점이 될 것으로 보이는 조선의 ICBM과 관련해 가장 낮은 수준의 조치는 발사 중단이고, 가장 높은 조치는 폐기이며, 중간에 해당되는 것이 감축이다. 조선의 핵무기 보유량도 동결을 추진할지, 감축까지 시야에 넣을 것인지도 쟁점이 될 것이다. 미국 입장에서는 조선의 미사일과 핵무기 보유량이 적을수록 좋지만, 미국이 이런 요구를 할수록 조선도 미국에 전략자산의 감축을 요구할 공산이 커질 것이기 때문이다. 아울러 군비 통제에 소요되는 비용을 누가 부담할 것인지, 합의 사항 이행을 검증하는 체계를 어떻게 구축할 것인지도 만만치 않은 문제가 될 것이다.

예상되는 난항과 교착을 돌파하기 위해 트럼프가 군비 통제 '이상'의 문제를 거론할 수도 있다. 대북 제재 완화, 종전선언이나 평화협정, 북미 수교, 주한미군의 미래 등이 그 후보가 될 수 있다. 미국이 먼저 제재 완화를 제의해오면 인

민 생활과 경제 건설을 최우선 목표로 삼아온 김정은으로
서도 고려할 만한 여지가 커질 수 있다. 또한 "피스메이커
peacemaker"를 자임하고 있는 트럼프가 종전선언이나 평화협정
을 통해 "한국전쟁이 끝났다"라고 선언하는 것도 예상해볼
수 있다. 그 경우 북미 관계 개선과 한반도 긴장 완화를 이끌
어낼 뿐만 아니라 그 결과 노벨평화상에도 한걸음 다가설 수
있기 때문이다. 다음 장에서 자세히 논의하겠지만, 주한미군
의 감축도 고려 대상이 될 수 있다.

이처럼 정상회담을 포함한 북미대화의 재개 여부와 시
기, 그리고 의제와 결과는 안갯속에 있지만, 나는 일단 긴장
완화와 군비 통제를 중심으로 협상은 이뤄질 것이라고 전망
한다. 또 북미 실무 회담이나 접촉이 2025년에 열릴 가능성
을 '중간' 정도로, 2026년에 개최될 가능성을 '높게' 본다. 하
지만 이런 전망보다 더 중요한 것이 있다. 바로 한국의 대처
방향이다. 한국은 군비 통제나 핵군축 모델이 "최악"이자 "재
앙"이라는 고정관념에서 탈피하지 못하면 북미 중심으로 전
개될 한반도 평화 프로세스에서 소외될 가능성이 더욱 높아
질 것이다.

07

주한미군과 핵무장은
어이할꼬?

밸런스 게임. '미국에 방위비 분담금 5배 정도 올려주기 vs 주한미군 대폭 감축이나 철수 수용하기.' 이 게임은 더 이상 재미의 영역도, 상상의 영역도 아니다. 2기 트럼프 행정부 시기에 한국이 피하기 힘든 딜레마가 될 것이기 때문이다. 여러분은 어떤 선택을 하겠는가? 물론 선택지가 이 두 가지만 있는 것은 아니다. 대미 협상력을 발휘해 방위비 분담금 인상폭을 최대한 낮출 수도 있고, 대폭 인상의 반대급부로 미국으로부터 자체 핵무장을 용인받거나 주한미군의 대안으로 자체 핵무장을 선호할 수도 있다.

한국의 딜레마가 심해지고 있는 까닭은 한국을 둘러싼

지정학적 환경이 크게 바뀌고 있다는 데 큰 요인이 있다. 중국의 부상과 미중 전략 경쟁의 격화, 그리고 북러 동맹의 재결성은 그 핵심을 차지한다. 이 와중에 김정은 정권은 '불가역적 핵보유국' 추구와 '적대적 두 국가론'을 들고 나와 기존의 남북 관계 문법을 완전히 뒤집어놓고 있다. 이러한 상황 전개는 바이든 행정부 시기의 한미 동맹 강화 및 한미일 군사협력 추구의 핵심적인 동인으로 작용했다. 그런데 트럼프는 '한미 동맹 브레이커'라고 할 수 있는 인물이다. 따라서 트럼프의 행보가 '창조적 파괴'가 될 것인지의 여부는 상당 부분 한국의 선택에 달려 있다.

그렇다면 '한미 동맹의 딜레마'를 어떻게 풀어야 할까? 가장 기본적인 출발점은 주한미군을 비롯한 한미 동맹을 성역에 계속 가둬두지 말고 '토론의 문'을 활짝 여는 데에 있다. 또 한미 동맹은 목적이 아니라 수단이라는 관점을 명확히 하는 것도 중요하다. 우리가 한미 동맹과 주한미군을 어떻게 해서든 유지해야 한다는 강박관념에서 벗어나지 못하는 한, 미국의 부당한 요구에 취약해질 수밖에 없고 한미 동맹이 '위협 초래형'으로 변질되는 것 역시 막을 수 없다. 한국의 국력이 비약적으로 성장한 만큼 우리는 자신감을 가지고 미국을 상대해야 한다. 그 출발점은 '우리 안의 미국'을 내려놓고, '있는 그대로의 미국'을 바라보려고 노력하는 것이다.

트럼프의 야심은 무엇일까?

주한미군은 성역이다. 적어도 접수국인 한국에서는 그렇다. 2024년 4월 총선에서도 이는 여실히 확인되었다. 야권의 비례대표 예비 후보들이 고고도미사일방어체제(THAAD)의 한국 배치나 한미연합훈련에 반대했다는 이유로 낙마한 것이다. 그만큼 '우리 안의 미국'은 여전히 강력하다. 이는 미국이 한국 정치에 막강한 영향력을 행사한다기보다는 진보를 자처하는 정치 세력조차 국내 보수 진영으로부터 '반미'로 공격받을까봐 두려워하는 가운데 나타난 현상이다. 그런데 정작 미군의 한국 주둔 당위성이 뿌리째 흔들릴 조짐이 일고 있다. 그것도 파견국인 미국 내에서 말이다. 이러한 불일치는 주한미군을 목적으로 간주하는 한국 정치 세력의 '정체'와 수단으로 간주하는 미국 정치 세력의 '부상'에 따른 것이다.

트럼프야말로 주한미군의 미래와 관련해 하고 싶은 말을 거리낌 없이 뱉어온 인물이다. 1기 트럼프 행정부 때 그의 표현은 양극단을 오갔다. "주한미군을 미국으로 데려오고 싶다"라고 하거나 "한국이 50억 달러를 내야 한다"라고 한 데서 알 수 있듯, 널뛰기의 정도가 무척 심했다. 그러다보니 그에게 '공포'를 느낀 미국 주류가 '총성 없는 쿠데타'를 도모하기도 했다. 트럼프가 김정은과 적당히 타협하고 언제든 주한미군 철수를 지시할 수 있다고 생각했기 때문이다. 한국 내에서도 트럼프의 발언에 '어지럼'을 느끼는 사람들이 많았고, 그의 본심이 어디에 있는지 '헷갈린다'고 호소하는 사람도 많았다. 아마도 조선을 포함해 전 세계 지도자들 가운데 주한미군 철수를 거침없이 입에 올린 인물은 트럼프가 유일할 것이다.

그는 대선 유세 중에는 주한미군 철수를 거론하는 대신 방위비 분담금을 대폭 인상하도록 압박할 거라고 밝혔다. 한국을 "머니 머신"이라고 부르면서 "내가 거기(백악관)에 있으면 그들(한국)은 (주한미군 주둔 비용으로) 연간 100억 달러를 지출할 것"이라고 말했다. 그는 자신의 주장을 뒷받침하기 위해 2만 8,500명 수준인 주한미군 규모를 "4만 명"이라고 부풀리고, 한국이 직간접 비용으로 연간 20~30억 달러를 부담하고 있는데도 "아무것도 내지 않았다"라며 가짜뉴스를 들먹이기도 했다.

여기에서 주한미군 주둔 비용과 관련해 '팩트 체크'부터 해보자. 미국 회계감사원(GAO)의 2021년 보고서에 따르면, 2016~2019년까지 4년간 미 국방부는 주한미군 지원에 약 134억 달러를 지출했다. 이는 군인 인건비, 군대의 운영·유지, 가족 주택 운영 및 관리, 가족 주택 건설, 그리고 군사 시설 건설 등 5개 영역에서 지출된 비용을 망라한 것이다. 다만 여기에는 미국의 전략자산 전개 비용은 포함되어 있지 않다. 이 보고서에 따르면, 같은 기간 동안 한국 정부는 주한미군 주둔 비용으로 약 58억 달러를 현금 및 현물 형태로 지원했다. 여기에는 방위비분담특별협정(SMA) 형태, 즉 방위비 분담금으로 제공한 직접 지원, 토지 및 시설의 무상 제공, 세금 및 관세 공제 등의 간접 지원도 포함되어 있다.* 다음의 그래프는 미국이 지출한 주한미군과 주일미군 주둔비의 연도별 내역이다.

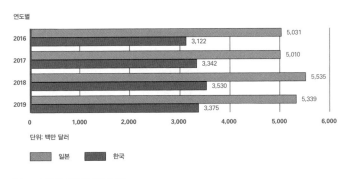

미 국방부가 주일미군 및 주한미군을 지원하기 위해 지출한 금액 (2016~2019년)

연도별

연도	일본	한국
2016	5,031	3,122
2017	5,010	3,342
2018	5,535	3,530
2019	5,339	3,375

단위: 백만 달러

■ 일본   ■ 한국

출처: GAO의 국방부 자료 분석, GAO-21-270

• https://www.gao.gov/products/gao-21-270.

2021년 GAO 보고서가 공개된 이후 미국이 부담한 주한미군 주둔비의 상세 내역은 공개되지 않고 있다. 한편 한국의 방위비 분담금은 2020~2024년까지 연평균 7.6%씩 대폭 늘어났다. 한미 양국은 2024년 하반기에 2026~2030년에 적용될 제12차 SMA를 체결했는데, 2026년 한국의 방위비 분담금은 전년 대비 8.3%가 인상된 금액이다. 그리고 우리 입장에서는 좋지 않은 소식이 있다. SMA는 원화를 기준으로 산정하는데, 트럼프 당선 및 한국의 탄핵 국면, 그리고 트럼프발 무역 전쟁의 여파로 원화 가치가 크게 떨어지면서 달러 표시 방위비 분담금이 SMA 인상률보다 훨씬 하회하고 있는 것이다.

그렇다면 트럼프의 진심은 무엇일까? 주한미군 철수를 압박 카드로 삼아 방위비 분담금을 대폭 인상하려는 것일까? 1차적인 목표는 여기에 있는 것 같다. 10배 정도로 불러 놓고 5배 안팎의 인상을 목표로 할 수도 있다. 하지만 이런 인상률은 가당치 않다. 미국이 부담하는 주한미군 주둔비의 상당 부분은 인건비이다. 약 70%에 달하는 이 비용은 미군이 어디에 주둔하든 들어가는 돈이라는 뜻이다. 지금까지 한국이 지불한 방위비 분담금도 남아돌아 불용액이 쌓여 있다. 미국이 방위비 분담금을 다른 용도로 사용하는 경우도 다반사이다. 그런데도 트럼프는 막무가내이다. 주한미군을 용병 취급한다는 비판이 나와도 "한국이 돈을 많이 내야 한다"라는 말만 되풀이한다.

미국 헌법과 관련 법률에 따르면, 미군 인건비는 미국 의회가 승인한 국방 예산에서만 지출할 수 있고, 외국 정부나 단체로부터 미군 인력에 대한 직접적인 보수를 받는 것은 금지되어 있다. 또 한미 간 SMA의 적용 범위는 한국인 노동자 인건비, 군사 건설비, 군수 지원비로 한정되어 있다. 이는 트럼프가 원하는 대로 '한국의 분담금이 대폭 인상되면 어디에 쓰일 것이냐' 하는 질문으로 이어진다. 크게 두 가지를 생각해볼 수 있다.

하나는 인건비를 제외한 '비인적비용Non-Personal Cost'을 한국이 대부분 혹은 전적으로 부담하는 것이다. 2020년 기준으로 이 비용은 약 24.3억 달러에 달했고 한국이 39%를 부담했는데, 한국이 비인적비용 부담을 늘릴수록 미국의 부담은 줄어들게 된다. 또 하나는 한미연합훈련비와 미국의 전략자산 전개 비용을 한국이 부담하는 것이다. 연합훈련비와 관련해 지금까지는 한국은 한국군과 관련된 비용을, 미국은 미군 관련 비용을 부담해왔다. 전략자산 전개 비용은 미국이 대부분 부담해왔다. 이에 따라 트럼프 행정부는 SMA 개정을 통해 관련 항목을 신설해 한국에 비용 전가를 요구할 가능성이 높다. 특히 미국 선박업의 퇴조로 해군 함정의 유지·보수가 난항을 겪고 있는 만큼, 미국의 전략자산에 해당하는 항공모함 등 대형 함정 및 잠수함의 유지·보수를 한국에 떠넘길 가능성이 제기된다.

정확한 비용이 공개되지 않아 산출하는 것이 불가능하지만, 비인적비용, 연합훈련비, 미국 전략자산 전개 및 유지·보수 비용을 합쳐 대략 50억 달러라고 가정해보자. 또 한국이 이들 비용의 전체를 부담한다고 가정하면, 현재보다 방위비 분담금은 5배 가까이 늘어난다. 대선 유세 때 10배를 부른 트럼프의 요구에 비하면 선방하는 것일까? 이렇게 막대한 비용을 지불하면서까지 주한미군을 붙잡아두는 것이 합리적인 선택일까? 만약 트럼프의 요구를 거부하면 어떤 일이 벌어질까? 쉽게 답을 내놓을 수 없지만, 방위비 분담금이라는 좁은 시야에서 벗어나 주한미군 존재 자체에 대한 공론화는 필요하다. '창조적 파괴'도 고민해야 할 시점이라는 뜻이다.

딜레마는 줄이면서 한국의 선택지를 넓힐 수 있는 기회는 북미 관계의 개선에 있다. 트럼프는 한국을 상대로는 방위비 분담금 대폭 인상을 요구하고, 조선을 상대로는 5년 넘게 단절된 북미대화 재개를 성사시키는 데 방점을 찍을 공산이 크다. 하지만 이 전략은 어울리는 짝이 아니다. 방위비 분담금 대폭 인상은 한미(일)연합훈련과 미국의 전략자산 전개를 포함한 한미 동맹 강화와 궤를 같이한다. 그런데 이렇게 될 경우 조선이 미국의 대화 제의에 응할 가능성은 크게 낮아질 것이다.

돌이켜보면, 1기 트럼프의 북미 정상회담 프로세스가 실패로 귀결된 배경 가운데 하나는 트럼프의 '딴생각'에 있었다. 2019년 2월 말 그는 '하노이 노딜'을 선언하면서 한국에 방위비 분담금 대폭 인상을 요구하기 시작했다. 그리고 트럼프의 관심사가 대북 협상에서 방위비 분담금 인상으로 옮겨가면서 마지막 기회도 사라져버렸다. 2019년 6월 30일 그는 김정은과의 판문점 회동에서 한미연합훈련을 중단하겠다고 거듭 약속했다. 하지만 한미 참모진이 8월 연합훈련을 실시하기로 7월 말에 방침을 정했는데도 그냥 넘어갔다. 대신 그가 참모진에게 물은 것은 방위비 분담금 문제였다.

이러한 전례와 트럼프의 현재 입장에 비춰볼 때, 중요한 관전 포인트는 트럼프가 북미대화 재개와 방위비 분담금 인상 가운데 어느 쪽에 비중을 둘 것인가이다. 트럼프의 북미대화 탐색을 상수로 놓을 경우, 다양한 시나리오가 나온다. 첫째는 김정은이 북미대화에 흥미를 보이지 않으면 방위비 분담금 인상에 초점을 맞추는 것이다. 둘째는 1기 때처럼 북미 대화의 결과와 방위 인상 사이의 득실 관계를 따져보면서 갈지자걸음을 걷는 것이다. 셋째는 김정은이 호응한다면 방위비 분담금 문제를 후순위로 놓고 북미대화에 집중하는 것이다.

트럼프의 본심이 방위비 분담금 인상보다 더 근본적인 방향으로 향할 개연성도 있다. 바로 북미대화를 통해 적당한 타협을 이루고 주한미군의 대폭 감축을 추진하는 것이다. 여기서 적당한 타협이란 비핵화는 사실상 내려놓고 북핵 동결과 ICBM 제한을 비롯한 군비 통제에 초점을 맞추면서 북미 관계 개선과 남북 관계 중재를 통한 한반도 긴장 완화를 추구하는 것이다. 이 경우 트럼프는 '조선의 ICBM 위협으로부터 미국은 안전해졌다'고 주장할 수 있다. 또한 주한미군의 감축, 한미연합훈련 및 미국 전략자산 전개 축소나 중단으로 '미국 예산을 대폭 아낄 수 있게 된다'고 주장할 수도 있다. '조선-중국-러시아-이란의 반미 연대를 약화시키고 미국의 힘을 중국과의 경쟁에 집중하게 되었다'고도 할 것이다. '긴장 완화를 통해 한반도 전쟁을 예방할 수 있게 되었다'며 노벨상 수상에 한걸음 가까이 다가설 수 있게 되었다고 주장할 수도 있다. 아울러 조선의 ICBM 제한으로 미국 확장억제력의 신뢰성이 높아졌다며 군비 통제 협상을 수용하라고 한국을 설득하려고도 할 것이다.

트럼프가 이렇게 접근해올 경우 김정은이 호응할 가능성도 높아진다. 국내에서는 진보와 보수를 초월해 '최악의 시나리오'가 다가오고 있다며 우려의 목소리가 높아질 것이다. 그런데 이게 한국에게 최악의 시나리오인지 자문해볼 필요가 있다. 비핵화는 결코 포기할 수 없는 '절대적인 목표'이고 주한미군은 한국 안보를 지키는 '절대적인 존재'라는 시각에 머문다면, 그렇게 볼 수도 있다. 하지만 한국이 도그마에 빠져 있을수록 진짜 최악의 시나리오를 자초할 수 있다는 것, 즉 조선과 미국으로부터 '패싱'당할 수도 있다는 점을 직시해야 한다. 진짜 최악의 시나리오는 방위비 분담금을 대폭 인상해주고도 북미대화의 결렬로 조선의 핵과 미사일 능력이 지속적으로 강화되는 바람에 전쟁 위기가 일상화되거나 현실에서 심각한 사태가 벌어지는 것이다.

위험한 선택

2기 트럼프 행정부가 주한미군의 감축이나 철수를 추진할 경우 이를 막을 수 있는 방법이 있을까? 나는 방위비 분담금을 대폭 올려주는 것은 바람직한 선택이 아니라는 점을 앞서 지적한 바 있다. 1기 트럼프 행정부 때에는 미국 의회가 방패막이 역할을 했다. 회계연도 2019~2021년에 국방수권법을 통과시키면서 주한미군 규모를 2만 8,500명으로 명시하고 그 이하로 줄일 경우에는 관련 예산을 사용하지 못하도록 한 것이다. 하지만 2025 회계연도에는 주한미군을 현 수준으로 유지한다고 하면서도 이 내용을 뺐다. 법적 강제성이 없어지고 트럼프의 재량권이 커진 것이다. 또 1기 행정부 때에는 "어른들"이 주한미군 철수 논의를 막았지만, 2기 행정부는 트럼프의 '충성파'로 채워지고 있어 철수 논의를 제지할 만한 세력이 마땅치 않다.

그럼 아예 방법이 없는 것일까? 아니다. 우선 주한미군을 포함한 한미 동맹의 성격을 대중국용으로 보다 명확히 하는 것이다. 미국의 초당적인 목표이자 2기 트럼프 행정부가 더더욱 의지를 다지고 있는 대중 봉쇄와 견제에 한국이 적극 동참할 테니 주한미군을 감축하거나 철수하지 말아달라고 미국에 요구할 수 있다. 트럼프 행정부의 입장에서는 한국이 이런 입장을 표명할 경우 수용할 가능성이 훨씬 용이할 것이다. 이러한 선택의 타당성 여부는 후술키로 하고 먼저 트럼프 진영의 전략적 사고부터 짚어보자.

'미국 우선주의'와 '힘에 의한 평화'를 외교정책 기조로 내세우는 2기 트럼프 행정부에서 가장 주목할 만한 인물은 1기 트럼프 행정부에서 국방부 전략 및 전력 개발 담당 부차관보를 지냈고 2기 행정부에서는 국방부 정책차관으로 지명된 엘브리지 콜비이다. 그는 국방부 장관인 피트 헤그세스 및 부장관에 발탁된 스티븐 파인버그에 비해 국방 분야 종사

경력도 많은, '미국 우선주의'의 핵심적인 설계자라고 할 수 있다. 특히 정책차관이라는 자리는 국방 정책을 개발·조율할 뿐만 아니라 상위 개념인 국가 안보 전략과 조율하는 역할도 맡는다. 또 북대서양조약기구(나토)와 한미·미일 동맹 등 양자 동맹 관계에 있어서도 핵심적인 역할을 수행한다.

그럼 콜비는 어떤 안보 전략을 설계하고 있을까? 그는 2기 행정부가 목표하는 최선의 외교정책은 "전략적 우선순위화strategic prioritization로 특징되는 보수적 현실주의conservative realism"라고 강조한다. 그는 민주당 정권이 추구한 자유주의적 국제주의가 모호한 목표에다 과도한 확장을 추구하면서 미국의 이익에 반하는 부진한 실적을 냈다고 비판한다. 동시에 미국 최고주의primacism, 즉 패권주의를 추구한 네오콘에 대해서도, 고립주의에 대해서도 매우 비판적이다. 그러면서 보수적 현실주의는 패권주의나 고립주의가 아니라 선택과 집중에 기반해야 한다고 주장한다. 위협 대상이나 이익의 우선순위를 정하고 제한적인 역량을 정해진 우선순위에 집중하자는 것이다. 그리고 덜 중요한 지역에서는 동맹국들이 스스로 방어할 수 있는 역량을 구축하도록 요구해야 한다고 생각한다. 즉 미국의 전략적 우선순위는 "중국과의 경쟁에서 승리하는 것"에 맞춰져야 한다고 주장한다.*

그런데 콜비는 트럼프 측근 가운데 대표적인 주한미군

회의론자이다. 2024년 5월 8일 〈연합뉴스〉와의 인터뷰에서 "나에게 결정 권한이 있다면 난 주한미군을 두지 않을 것"이라고 밝혔을 정도이다. 그가 밝힌 이유는 두 가지이다. 첫째, 미국의 주된 문제는 "북한이 아니라 중국"이라는 것이다. 그는 "중국이 가장 큰 대외적 도전"이라며, "미국 우선주의 입장에서 보면 중국이 아시아를 지배하지 않도록 해야 한다. 중국이 아시아를 지배하면 세계 경제 절반 이상을 지배한다"라고 주장했다. 둘째, "미국은 북한과 싸우면서 중국과도 싸울 준비가 된 군사력을 갖고 있지 않다"라는 것이다. 그래서 콜비는 한국이 대미 안보 의존도를 줄이고 적어도 조선의 재래식 위협에 대해서는 스스로 방어할 수 있는 역량을 구축해야 한다고 강조해왔다. 또한 '한국 방위의 한국화'의 맥락에서 한국이 전시작전통제권을 조속히 이양받아야 한다는 입장도 갖고 있다.

한편 그는 "북한의 비핵화가 비현실적"이라면서 미국의 대북 정책은 ICBM 사거리 제한 등 군비 통제에 집중해야 한다는 입장이다. 이는 내가 앞서 언급한 시나리오, 즉 '북미 군비 통제 협상 및 주한미군 감축 추진'과 맥을 같이한다. 따라

• https://americancompass.org/only-one-priority-makes-sense-for-american-foreign-policy/.

서 콜비가 정책차관으로 일하는 동안 한미 동맹은 물론이고 한반도 안팎의 정세에도 일대 파란이 일어날 수 있다.

콜비의 이런 인식과 주장은 '과거의 미국'과는 결이 다르다. 21세기 첫 행정부인 조지 W. 부시 행정부부터 바이든 행정부에 이르기까지 한미 동맹과 관련해 미국이 추구한 방향의 핵심은 '주한미군의 전략적 유연성'이었다. 이것은 한반도 '역외' 작전에 주한미군의 투입 옵션을 강화하기 위해 2000년대 초반부터 미국이 꾸준히 추구해온 전략이다. 핵심적인 목표는 대만 유사시 미국이 필요하다고 판단하면 주한미군도 동원할 수 있다는 데 맞춰져 있었다. 지금까지 미 행정부에서는 주한미군의 전력 및 중국과의 인접성을 고려할 때 주한미군을 신속기동군으로 재편하는 게 낫다고 판단했다. 하지만 콜비를 비롯한 트럼프 진영 일각의 생각은 다르다. 조선과의 적대관계를 유지하는 것보단 관계 개선을 도모해 조선의 대미 위협 및 북중 결속을 약화시키고 주한미군을 감축해 중국에 집중하는 게 낫다고 여긴다.

트럼프 행정부 일각에서 주한미군을 감축하려는 동기가 대중 견제와 봉쇄 전략에서 비롯되고 있는 만큼, 한국 정부는 우리가 미국의 대중 전략에 적극 동참하겠다는 입장을 표명하면 주한미군 감축 논의를 차단할 수 있다고 여길 수 있다. 한국이 주한미군의 전략적 유연성을 보다 명확히 인정하고 한미 동맹이 중국을 '사실상의 공동의 적'으로 상정하면서 미중 유사시 한국도 직간접적으로 미국을 지원하겠다는 입장을 제시할 경우 트럼프의 셈법이 달라질 수 있기 때문이다. 2023년 4월 한국을 방문한 마이클 월츠가 중국이 민주주의 진영인 대만을 침공하면 한국과 일본 등 아시아 동맹들 "모두가 시진핑에 저항할 것"이라는 메시지를 내야 한다고 주장했던 것도 이러한 분석을 뒷받침해준다.

하지만 이는 '가능한 최악'에 해당된다. 악화 일로인 한중 관계는 파탄을 면치 못하고, 북중·북중러의 결속을 야기할 것이며, 한국은 동아시아 신냉전의 최전선으로 내몰릴 공산이 크다. 무엇보다도 대만해협 등에서 미중 무력 충돌 시 한국이 원하지 않는 전쟁에 휘말릴 위험이 매우 높아진다. 미국이 주한미군이나 역외 군사력을 한국에 전개해 대만 전쟁에 투입하면 중국도 보복에 나설 가능성이 높기 때문이다. 특히 중국이 주한미군 기지에 보복 공격을 가하면 우리 영토를 공격하는 셈이 되기 때문에 한중 간의 무력 충돌로 비화될 위험도 크다. 한국만 충돌에 휘말리는 것이 아니다. 조선은 대만 문제와 관련해 중국의 입장을 전적으로 지지하고 있고, '조중 우호협력 및 상호원조 조약'에는 자동 개입 조항까지 있다. 또한 핵과 미사일 능력을 지속적으로 강화해왔기 때문에 지정학적으로도 주한미군과 주일미군을 견제할 수 있는 위치에 있다. 대만 전쟁 시 조선의 선택도 전쟁 양상에 중대 변수가 될 수 있는 것이다. 또 북중 조약을 고려할 때, 사태 전개에 따라서는 러시아의 개입까지도 배제할 수 없다. 자칫 '동맹의 체인'에 엮여 몽유병자처럼 전쟁으로 빠져들어 간 1차 세계대전과 유사한 상황이 동아시아에서 벌어질 수 있는 것이다.●

이러한 위험을 감수하면서까지 우리가 주한미군의 바짓가랑이를 붙잡는 게 과연 현명한 선택일까? 기실 주한미군의 전략적 유연성은 노무현 정부 이래 한미 동맹의 핵심적인 딜레마였다. 미국의 요구를 수용하자니 전쟁에 연루될 위험이 커지고, 미국의 요구를 거부하자니 미국에게 방기될 위험이 커질 수 있기 때문이다. 그런데 트럼프 행정부는 '미국 우선주의'를 앞세워 주한미군 감축이나 철수도 고려할 수 있다는 입장이다. 그렇다면 우리도 '한국 우선주의'의 시각에서 미국과 상호 만족할 만한 논의를 해볼 수는 없는 것일까? '주한미군이 줄어든 혹은 떠난 한미 동맹'을 설계해볼 수는 없는 것일까?

양안 문제와 관련해 몇 마디만 덧붙이고자 한다. 한국

● 자세한 내용은 《미중 경쟁과 대만해협 위기: 남북한은 동맹의 체인에 연루될 것인가》, 길윤형·장영희·정욱식, 갈마바람, 2022를 참조하라.

의 가장 큰 딜레마는 대만 전쟁이 발발할 경우 우리의 운명이 급격히 타자화될 수 있는데 양안 관계 및 이와 연동된 미중 전략 경쟁 완화를 위해 우리가 할 수 있는 일은 제한적이라는 데에 있다. 그렇다고 손 놓고 있어서는 안 된다. 전쟁 방지와 평화 정착을 위한 양안 간의 긴장 완화와 신뢰 구축을 설득하기 위해 다방면의 노력을 기울여야 한다. 이 대목에서 정부에 비해 자율성이 높은 민간의 역할이 매우 중요하다. 민간이 중국-대만의 대화를 중재하고 촉진하는 역할을 도모할 수 있기 때문이다. 이와 관련해 내가 몸담고 있는 평화 네트워크에서는 중국과 대만을 오가며 3자 대화를 모색하고 있다. 이러한 시도가 유의미한 성과를 거둬 독자 여러분에게 소개할 수 있는 날이 오길 바란다.

'스무고개'형 핵무장론

트럼프의 귀환은 한국의 자체 핵무장 주장에도 활력(?)을 불어넣고 있다. 활력은 양방향으로부터 나오고 있다. 하나는 트럼프가 한국의 핵무장을 묵인해줄 수도 있다는 '기대 심리'이고, 또 하나는 그가 조선의 핵무장을 사실상 용인해줄 수도 있다는 '불안 심리'이다. 한국 내에서 핵무장 지지 여론은 꽤 높은 편이다. 보수적인 성향의 사람들만 이런 주장을 하는 것도 아니다. 진보적인 성향의 사람들도 '이제 고민할 시기가 왔다'는 취지로 말하는 경우를 종종 볼 수 있다. 보수와 진보를 아우르는 정서에는 '우리가 핵무장을 하면 자주국방 역량을 확보해 대미 자주를 증진할 수 있다'는 기대 심리가 깔려 있다.

일단 한국을 둘러싼 안보 환경을 보면, 핵무장론이 높아지는 것도 이해할 수 있다. 한국은 공식적인 핵보유국들인 중국 및 러시아와 인접해 있고, 비공식적이지만 사실상의 핵보유국인 조선과 휴전선을 맞대고 있다. 한중 관계 악화와 미중 전략 경쟁이 맞물리면서 국내에서도 '중국 위협론'이 커지고 있다. 러시아는 비핵화를 선택한 우크라이나를 침공했다. 조선은 조건부 선제 핵사용 독트린을 공식화했다. 국내에서는 '과연 미국의 핵우산을 신뢰할 수 있느냐'는 의문이 지속적으로 제기되고 있고, 트럼프는 주한미군 철수도 시사한다. 이러한 상황 전개는 우리도 핵무장을 해야 한다는 주장의 근거가 되고 있다.

이러한 열망은 국내외 일부 핵 전문가들의 주장과 맞물려 한국이 결단만 내리면 대량의 핵무기를 단기간 내에 만들 수 있다는 희망 섞인 관측을 낳고 있다. 대략적인 내용은 한국이 2만 톤에 가까운 사용후핵연료를 갖고 있고, 여기에서 플루토늄을 추출하면 수백 개의 핵무기를 단기간에 만들 수 있다는 것이다. 또 풍부한 고폭 실험 경험과 우수한 슈퍼컴퓨터 능력을 고려하면 핵실험 없이도 핵무기를 만들 수 있다는 주장도 나온다. 한국은 핵무기 운반 수단인 미사일 능력도 상당한 수준에 올라서 있다. 그래서 한국이 마음만 먹으면 핵무기를 만들어 전력화하는 것이 어렵지 않다는 인식이 팽배하다. 심지어 일부 언론은 '한국이 마음만 먹으면 6~8개월 내에 1조 원을 들여 핵무기를 만들 수 있다'는 보도까지 내놓는다.

또 혹자는 미국과 친한 핵보유국들의 사례를 들어 미국을 잘 설득하면 우리도 묵인받을 수 있다고 주장한다. 실제로 미국의 동맹들인 영국, 프랑스, 이스라엘은 1950년대와 60년대에 차례로 핵무장을 했다. 그렇다고 미국과의 동맹이 깨진 것도 아니다. 인도와 파키스탄도 1990년대 후반에 핵실험을 거쳐 핵무장에 성공했다. 그런데도 이들 나라는 조선처럼 미국의 제재를 받기는커녕 오히려 우호 관계를 유지하면서 지원을 받아왔다. 한국이라고 하지 못할 이유가 있느냐는 반문이 나오는 이유이다.

더구나 한국은 세계 10위권의 경제대국이자 5위의 군사강국이고, 민주주의와 시장경제를 유지하고 있으며, 지정학적으로도 매우 중요한 위치에 있다. 미국도 국익의 관점에서 한국을 매우 중시하고 있다. 미국이 핵비확산 체제 유지라는 명분에 매달려 중요한 동맹국인 한국을 버릴 수 있겠느냐는 반문이 나오는 이유이다. 심지어 한국의 핵무장은 조선의 위협을 봉쇄할 최선의 방법인 동시에 한국뿐만 아니라 미국의 이익에도 부합한다는 주장까지 나온다. "한국이 자체적으로 북한 문제를 더 잘 다룰 수 있게 되어 미국은 동아시아에서의 최우선순위, 즉 중국과의 경쟁에 더 집중할 수 있게 된다"라는 것이다.*

그렇다면 이러한 기대 심리는 현실과 얼마나 부합할까? 한국의 자체 핵무장을 주장하는 사람들의 논리를 보면, 어렸을 때 했던 '스무고개'라는 놀이가 떠오른다. 상대가 문제를 내면 '예 혹은 아니오'로 답하면서 맞히면 다음 단계로 넘어가는 게임이다. 질문당 정답률을 2분의 1이라고 하면, 20문제를 다 맞혀 게임에서 이길 확률은 0.0009537%이다. 정답률을 3분의 2로 잡아도 전체 게임에서 승리할 확률은 0.03%이다. 핵무장론자들이 내세우는 근거와 논리도 비슷한 양태를 품고 있다. 대표적인 핵무장론자인 정성장 세종연구소 연구위원의 주장을 예시로 들어보자. 그는 한국의 핵무장과 관

• Robert E. Kelly and Min-hyung Kim, "Why South Korea Should Go Nuclear," *Foreign Affairs*, January/February 2025.

련해 이런 식으로 질문을 던지고 답한다.*

△미국의 동의를 받을 수 있을까? 그럴 수 있다. △국제 사회의 제재를 받을 것인가? 받지 않을 것이다. △미국이 단독으로 제재할 것인가? 하지 않을 것이다. △원전 가동이 중단될 것인가? 아닐 것이다. △중국은 강력한 제재에 나설까? 아닐 것이다. △핵무장 개발 비용을 최소화할 수 있을까? 그럴 수 있다. △일본과 대만 등으로 핵도미노 현상이 일어날까? 아닐 것이다. △NPT 체제가 붕괴할까? 아닐 것이다. △남북 관계는 더욱 악화될까? 아닐 수 있다. △핵전쟁 위험이 더 높아지는 건 아닌가? 아닐 것이다. △통일이 더 멀어지는 것이 아닌가? 아닐 것이다.

이외에도 여러 가지 질문을 던져볼 수 있다. 트럼프가 동의하면 그의 임기 내에 핵무장을 할 수 있을까? 미국 의회도 협조해줄까? 한국에서 핵실험을 할 수 있을까? 핵실험 없이 핵무장을 할 수 있을까? 특정 지역에 재처리 시설을 짓겠다고 하면 해당 지역 주민은 찬성할까? 등등. 그런데 핵무장론자들은 이 모든 질문에 핵무장이 가능하고 별 탈 없을 것이라는 전제하에 답변한다. 하지만 '열두고개', 아니 '다섯고

---

* 《왜 우리는 핵보유국이 되어야 하는가》, 정성장, 메디치, 2023, 168~208쪽.

개'만 되더라도 핵무장에 성공하고 국운이 좋아질 가능성은 3.125%에 불과하다. 이 희박한 가능성에 나라의 명운을 걸어야 할까?

'한국의 역량을 너무 과소평가하는 게 아니냐, 북한도 만들었는데 왜 우리가 못 만드느냐'고 반문할 수는 있다. 한국이 원자력, 즉 핵발전 분야의 선진국인 만큼 마음만 먹으면 핵무기 개발도 어렵지 않다고 여길 수 있다. 그런데 핵무기 개발은 생각만큼 쉽지 않다.

이렇게 비유해보자. 올림픽에서 금메달을 딴 남자 배구팀에게 다음 올림픽에 농구팀으로 출전하라고 해보자. 당사자들이 아닌 사람들이 보기에는 배구 선수가 신장과 체력도 우수하고 점프력도 좋으니 같은 구기 종목이자 배구와 마찬가지로 주로 손을 사용하는 농구도 잘할 것이라고 생각할 수 있다. 실제로 배구 선수들의 평균 신장과 점프력은 농구 선수와 비슷하거나 그 이상이다. 그래서 대부분의 배구 선수들은 조금만 연습하면 농구의 백미인 덩크슛을 할 수 있다. 그럼 이런 요청을 받은 배구 선수들은 어떤 반응을 보일까? 대다수 선수들은 "배구와 농구는 많아 다르다"라며 난색을 표할 것이다. 그래도 할 수 있지 않느냐고 계속 졸라대면 "상당한 연습과 지원이 필요하다"라고 답할 것이다.

핵발전과 핵무기도 마찬가지이다. 자체 핵무장을 주장

해온 대표적인 언론사인 조선일보사가 운영하는 〈월간조선〉에서 과학기술 분야 전문가들을 만나 한국의 핵무장 능력에 대한 의견을 물었다. 핵발전 분야를 전공한 전문가 중 대다수는 "핵무장은 복잡다단한 과정을 거쳐야 하며 1년 이내 핵무기 확보는 불가능하다"라고 답했다. "핵무기는 또 다른 전문 영역"이라며 "쉽게, 가볍게 이야기할 수 있는 사안이 아니다"라고도 강조했다. 이에 대해 〈월간조선〉은 "원자력 분야 전문가들조차 말을 아끼는 이 민감한 문제(핵무장)를 두고 우리나라에선 문과 출신 학자들이 매체에 등장해 핵무장의 필요성을 강조하고 있다"라고 일갈했다.[•]

물론 한국이 결심하면 핵무장이 아예 불가능한 것은 아니다. 그러나 핵무기를 만들려면, 그것도 조선에 필적할 만한 능력을 갖추려면 상당한 시간, 비용, 여건과 환경, 그리고 희생이 필요하다.

일단 한국이 핵클럽 가입의 문을 두드릴 때 제일 중요한 열쇠를 쥐고 있는 나라는 미국이다. 미국이 미군과 확장억제를 제공해온 동맹국이고, '갑'의 위치에서 한미원자력협정을 체결한 당사국이며, 거부권을 갖고 있는 유엔 안전보장이사

[•] 이경훈, "과학기술자들이 말하는 한국의 핵무장," 〈월간조선〉, 2024년 2월호.

회의 상임이사국이기 때문이다. 트럼프의 당선이 기회가 될 수 있다는 전망도 이러한 미국의 위상과 맞닿아 있다. 트럼프는 핵비확산 체제를 중시하지 않고, '자기 나라 안보는 스스로 지켜야 한다'는 인식이 강하다. 또 동맹 관계에 있어서도 돈벌이를 중시한다. 그래서 한국이 미국산 무기 도입과 대미 투자를 늘리고 방위비 분담금도 대폭 올려주면, 트럼프로부터 핵무장 동의나 묵인을 받을 수 있을 것이라는 주장이 유행한다. 또 유엔 안보리의 제재 결의 논의가 있더라도 미국이 거부권을 행사해줄 것이라는 기대도 있다.

하지만 '믿는 도끼에 발등 찍힐' 수 있다. 일각에서는 원자력 강국인 한국의 위상을 감안할 때 핵무장이 손쉬운 선택이라고 말하지만, 핵무장은 생각만큼 기술적으로 쉽지 않다. 민주주의 국가인 한국에서 핵무기 관련 시설을 짓는다면 여론 및 지역사회의 반발로 상당한 진통이 따를 것이다. 트럼프 행정부가 용인하더라도 그의 임기는 4년인 반면 핵무장에는 상당한 시간이 필요하다는 '시차'의 문제도 존재한다. 한국의 핵무장 추진 시 가장 우려되는 경제제재와 관련해 미국이 유엔 안보리에서 거부권을 행사하더라도 한국 핵무장에 반대하는 나라들이 독자적인 제재를 가하는 걸 피하기는 어렵다. 그리고 미국의 독자 제재도 배제할 수 없다. 설사 막대한 비용과 희생을 치르고 핵클럽의 문턱을 넘어서더라도 핵무장론자들이 그리는 세상과 다른 광경이 펼쳐질 가능성이 매우 높다.

자체 핵무장은 대안이 될 수 있을까?

대안의 성립 조건은 두 가지이다. 하나는 할 수 있어야 하고, 또 하나는 지금보다 더 나은 상태를 가져올 수 있어야 한다. 그런데 핵무장은 이 두 가지를 충족하기에는 상당한 도전 요인들이 있다.

우선 기술적인 문제이다. 사용후핵연료에서 플루토늄을 다량으로 추출하려면 대규모 재처리 시설이 필요하다. 한국은 재처리와 관련한 연구 개발 기술을 일정 정도 축적했지만, 아직 상용화해본 경험은 없다. 또 조선의 영변 재처리 공장과 일본 도카이무라 재처리 공장의 연간 플루토늄 생산량이 핵무기 3개 정도 분량에 해당하는 20킬로그램 정도라는 점에서 한국이 연간 수백 킬로그램의 플루토늄을 추출하려면 일본 로카쇼무라 재처리 시설 규모 정도의 공장을 지어야 한다. 1993년에 착공된 이 시설은 1997년에 완공될 예정이었다. 그러나 27차례나 연기를 거듭한 끝에 2025년 1월 현재까지도 완공되지 않았다. 비용도 천정부지로 치솟고 있다. 최초 건설비는 원화 기준으로 7조 원 정도로 추산되었지만, 최근에는 30조 원 이상으로 늘어났다. 여기에 40년간의 운영비를 합치면 총비용은 140조 원에 달한다.

미국의 사례도 눈여겨볼 만하다. 세계 최초로 핵 재처리 시설을 개발·운영한 미국은 1970년대 후반 이후 사용후핵연료를 재처리하기보다는 지하 시설에 보관하는 방식을 택해 왔다. 1977년 지미 카터 대통령이 재처리를 무기한 금지한 데에 따른 것이었다. 하지만 2000년대 중반 부시 행정부는 재처리 재개로 방향을 틀면서 새로운 재처리 시설을 지으려고 했다. 그러자 주무 부처인 에너지부는 비용 추산 결과를 내놨는데, 연간 2,000톤의 사용후핵연료를 재처리할 수 있는 규모의 시설을 짓는 데에만 200억 달러가 소요되는 것으로 나왔다. 또 미국 핵전문가들의 분석에 따르면 재처리 시설 운영비도 매년 수십억 달러에 달했다. 이런 이유로 미국은 재처리 재개 방침을 접었다.

물론 재처리 시설의 규모를 줄이면 비용이 줄어들 수는 있다. 하지만 미국이나 일본과 달리 한국은 재처리 시설을 상용화해본 적이 없다. 실제로 재처리 시설의 완공에는 상당한 시간과 비용이 들 것이다. 또 플루토늄을 추출했다고 해서 바로 핵무기를 만들 수 있는 것도 아니다. 고도의 기폭 장치를 포함한 소재·부품·장비의 국산화도 필수적이다. 그런데 한국은 이러한 경험 역시 거의 없다. 그렇다고 핵무기 제조에 필요한 '소부장'을 외국에서 수입할 수도 없다. 국제적으로 엄격한 수출 통제를 받는 품목이기 때문이다. 즉 자체적인 핵무기 연구·개발·제조에도 상당한 시간과 비용이 투입되어야 한다는 것이다.

그럼 핵폭탄을 제조할 수 있는 또 하나의 경로인 우라늄 농축은 어떨까? 대표적인 우라늄 농축 방식인 원심분리기 개발 및 시설 건설에는 상당한 시간과 비용이 소요된다. 혹자는 레이저 농축 방식으로 빠른 시일 내에 핵폭탄을 만들 수 있다고 주장하지만, 이 방식은 고농축 우라늄을 대량생산할 때 원심분리기 방식에 비해 가성비가 크게 떨어진다. 레이저 농축 기술이 농축 속도를 높여 극소량의 고농축 우라늄을 추출할 수는 있지만, 많은 양을 생산하기는 매우 어려운 것이다. 참고로 한국이 2000년에 레이저를 쏴서 추출한 고농축 우라늄은 0.2g이었던 반면, 1개의 핵폭탄을 만들기 위해서는 고농축 우라늄이 20킬로그램 정도 필요하다.

우라늄 농축 방식의 문제는 여기에서 그치지 않는다. 핵분열 동위원소인 U-235의 농도를 90% 이상 높인 고농축 우라늄을 만들려면 상당량의 우라늄이 필요하다. 고농축 우라늄 20킬로그램을 만들기 위해서는 약 4톤 정도의 천연 우라늄이 필요한데, 한국이 핵무장을 추진하는 순간 국제사회가 가장 먼저 취할 조치가 바로 우라늄 금수이다. 한국도 회원국으로 가입한 핵공급그룹(NSG) 규칙에 따르면, 수입한 핵물질을 평화적인 용도 이외에 군사적 용도로 사용하면 계약 위반에 해당된다. 우라늄 광산이 없는 한국 입장에서 핵무장 시도는 탈원전과 동의어인 셈이다.

핵실험 없이도 핵무장이 가능하다는 주장 역시 검증되지 않은 이야기이다. 슈퍼컴퓨터를 이용한 모의 핵실험은 실제 핵실험을 통해 다량의 데이터를 확보한 이후에나 가능하다. 세계 최대의 핵실험 데이터를 보유한 미국조차 핵무기의 신뢰성을 확보하기 위해서는 실제 핵실험의 문을 닫아서는 안 된다며, 포괄핵실험금지조약(CTBT) 비준을 거부하는 실정이다. 따라서 핵실험 경험과 관련한 데이터가 전무한 한국이 과연 '실험 없이 핵무기'를 만들 수 있을지 의문이 들 수밖에 없다. 더구나 현대식 핵무기는 탄도미사일이나 초고속 전투기에 장착할 수 있는 소형화가 필수적이고, 소형화는 실험을 통한 데이터 축적이 전제되어야 한다. 그래야만 무기로서의 신뢰성을 확보할 수 있다.

핵실험이 필수 조건인 이유는 또 있다. 한국이 보유한 사용후핵연료에 들어 있는 플루토늄의 성분은 Pu-239의 비율이 80% 이하, 240의 비율이 18% 이상이다. 그런데 무기급 플루토늄은 대개 Pu-239가 90% 이상이어야 한다. Pu-239

의 비중이 이보다 낮고 Pu-240 비중이 커질수록 무기로서의 효용성은 떨어진다. 이를 만회하기 위해서는 고도의 기폭 장치와 정밀한 핵실험이 필요하다. 플루토늄 압축 과정, 중성자 방출, 폭발 타이밍 등 '핵장치^{nuclear device}' 제조에 필요한 설계의 모든 요소를 검증하고 개선하는 데 핵실험이 필수적이기 때문이다.•

한국이 민주주의 국가라는 점도 쉽게 핵개발에 나설 수 없는 요인이 된다. 플루토늄 생산에 필수적인 재처리 공장은 으뜸가는 위험 시설이다. 재처리 대상인 사용후핵연료와 재처리 결과물인 플루토늄 및 잔여 고준위 폐기물에는 엄청난 양의 방사능 물질이 담겨 있다. 이에 따라 사고가 발생하거나 시설 피격 시 대재앙이 일어날 수 있다. 따라서 해당 지역 주민들과 지자체들의 격렬한 반발을 야기해 입지 선정부터 상당한 진통이 따를 수밖에 없다. 핵실험은 어떨까? 과연 좁은 영토에 5,000만 명이 모여 사는 대한민국에서 지하 핵실험장을 건설하고 실제로 핵실험을 할 수 있을까? 이와 관련해 핵무기를 만들어본 경험도, 해체한 경험도 갖고 있는 시그프리드 헤커 전 로스 알라모스 국립연구소장은 "한국의 과

• 핵실험을 포함한 핵무기 제조 원리에 대한 자세한 내용은 다음 사이트를 참조하라. https://www.wisconsinproject.org/nuclear-weapons/.

학기술력이 아무리 뛰어나도 핵실험을 하지 않지 않고 핵무기를 만들 수는 없다"라며, 핵실험 추진시 주변국들은 물론이고 "한국 내에서도 강한 반발에 직면할 것"이라고 지적했다.[*]

트럼프의 생각도 제대로 짚어볼 필요가 있다. 트럼프가 한국이나 일본의 핵무장을 용인할 수도 있다는 뉘앙스를 풍긴 적은 있다. 하지만 이는 '주한미군과 주일미군이 철수하면 한국과 일본의 안전은 어떻게 지키느냐'는 반문에 대한 반박 차원에서 나온 것이다. 그래서 한국 정부가 트럼프에게 한국의 핵무장 용인을 타진하면 트럼프는 '주한미군을 철수해도 좋다는 뜻이냐'고 반문할 가능성이 높다. 그런데 한국이 주한미군 철수 문제가 거론되기 전에 트럼프 행정부에게 '우리가 핵무장해도 괜찮으냐'고 물어보는 것은 현실적으로 어렵다. 기껏해야 트럼프가 먼저 주한미군 철수를 추진하고 한국이 이를 수용하는 대가로 핵무장 묵인을 타진해볼 수 있다는 이야기다.

여기서 발생하는 문제가 '시차'이다. 2기 트럼프의 임기는 2029년 1월까지이다. 무리인 줄 알지만 트럼프가 한국의 자체 핵무장을 용인하는 시점을 2026년 1월이라고 가정하

• https://www.38north.org/2023/01/the-disastrous-downsides-of-south-korea-building-nuclear-weapons/.

면, 1차적으로 한국에게 주어진 시간은 3년 정도이다. 트럼프 다음 행정부가 한국의 핵무장을 용인할 것인지는 불분명하기 때문이다. 그런데 한국이 조선에 버금가는 핵능력을 확보하려면 족히 10년 이상은 필요하다. 이와 관련해 앞서 소개한 〈월간조선〉은 원자력 전문가들을 인용해 10개의 핵무기를 만드는 데 10년 정도가 걸린다고 보도했다. 2025년부터 개발에 착수하면 2035년경에야 10개 정도를 손에 쥘 수 있다는 것이다. 하지만 그즈음 조선의 핵무기 보유량은 200개 수준이 될 것이다.

한국이 핵무장을 본격적으로 추진할수록 한반도 위기가 고조될 가능성이 매우 높다는 점을 인식해야 한다. 조선은 물론이고 중국과 러시아도 강력하게 반발할 것이기 때문이다. 그러면 주한미군을 비롯한 미국의 안보 공약 이행의 필요성은 더욱 높아질 것이다. 그럴 경우 앞뒤가 안 맞는 상황이 벌어지게 된다. 한국은 미국의 확장억제를 믿지 못해 자체 핵무장을 선택했는데 확장억제가 더 절박해진다. 또 트럼프를 설득해 주한미군을 철수시킨다고 하더라도 한국의 핵무장 이후로 해달라고 요청해야 한다. 트럼프가 이를 수용할지도 불분명하지만, 수용한다면 어떤 요구를 해올까? 우리의 예측을 벗어나는 온갖 청구서를 내밀 것이다. 자체 핵무장 추진이 대미 자주성을 증진하기보다는 대미 종속성을 더욱 강화할 수밖에 없는 것이다. '혹 떼려다가 혹을 하나 더 붙이는 결과'를 초래하고 만다는 뜻이다.

한국이 트럼프 임기 내에 유의미한 핵무장에 도달할 가능성이 없는 것과 마찬가지로 차기 미국 행정부가 어떻게 나올지도 알 수 없다. 막강한 권한을 갖고 있는 미국 의회가 한국 핵무장에 동의해줄지도 알 수 없다. 그래서 살펴봐야 하는 것이 미국의 법체계이다. 미국은 핵무기 개발을 시도하는 비핵국가들을 상대로 제재를 부과할 수 있는 광범위한 법적·제도적 장치를 갖고 있다. 미국 국무부에서 30년 동안 이 분야를 담당했던 뉴웰 하이스미스 변호사의 보고서를 중심으로 살펴보자.[*]

우선 미국은 NPT와 국제원자력기구(IAEA) 안전조치협정에 담긴 비핵국가의 의무 사항을 자체법인 원자력법에도 구체화해놓고 있다. 핵심적인 조항으로는 △핵폭발 장치 등의 군사적 이용 금지 △IAEA의 전면적인 안전장치 실행 보장 △이전 품목에 대한 안전조치 확보 △핵무기 개발 의혹 및 안전조치 불이행 국가를 상대로 한 미국의 핵 관련 품목의 반환 요청 권리 등이 있다. 미국은 평화적인 목적의 핵 이

● https://carnegieendowment.org/2023/04/20/would-u.s.-sanction-allies-seeking-bomb-pub-89587.

용 국가들을 상대로 이러한 조항에 근거한 양자 협정을 체결해왔는데, 한미원자력협정도 그 가운데 하나이다.

이 밖에도 미국은 핵무기 개발 시도 국가들을 상대로 제재를 부과할 수 있는 다양한 법을 갖고 있다. 대통령조차 이러한 제재법의 집행을 거부할 수 있는 권리를 갖고 있지 않다. 그만큼 미국의 제재법은 강력하다는 뜻이다. 글렌 수정법 Glenn Amendment이 대표적이다. 미국은 이 법을 근거로 핵폭발 장치 접수·실험·정보 및 부품 획득 국가들을 상대로 강력한 제재를 부과할 수 있다. 그 목록에는 △해외 지원법 적용과 방산 물자 판매와 해외 금융 조달 등의 종료 △미국의 신용 및 대출 제공 거부 △국제 금융 기구 이용 제한 △미국 상무부의 금수 품목 및 기술 확대 적용 등이 망라되어 있다. 또 무기 이전 제재법, 해외 지원 제재법, 핵협력 제재법, 수출입은행 제재법 등 추가적인 제재 근거도 갖고 있다.

이들 제재법은 다양한 시나리오에 따라 적용된다. 우선 비핵국가가 NPT와 IAEA 안전조치협정을 탈퇴하는 경우가 있다. NPT와 IAEA 안전조치협정은 회원국의 탈퇴할 권리를 명시하고 있기 때문에 유엔 안보리가 제재를 부과할 것인가의 여부는 안보리 결의 채택 여부에 달려 있다. 그런데 미국의 제재법은 양상이 다르다. 비핵국가, 특히 미국과 원자력협정을 체결한 국가가 NPT와 IAEA에서 탈퇴하는 즉시 제재를 부과하게 되어 있다. 심지어 NPT와 IAEA 탈퇴국이 실제로 핵무기 개발에 착수하지 않더라도 미국은 독자적인 제재를 부과할 수 있다. 비핵국가가 핵무기 개발에 나서면, 미국의 독자 제재는 더욱 강력하게 부과된다.

물론 예외는 있을 수 있다. 미국 대통령이 미국의 국가안보상의 이익이 동맹국의 핵무기 개발에 따른 비확산 체제의 훼손보다 더 크다고 결정할 경우 일부 제재가 유예·해제될 수 있다. 그런데 이 부분에 있어서도 미국 대통령의 권한은 제한적이다. 대표적인 제재법인 글렌 수정법에는 '웨이버 조항'이 없기 때문에, 동맹국에 대한 제재를 유예·해제하기 위해서는 의회의 법 개정이 요구되기 때문이다. 이는 핵무장에 나선 한국이 미국의 제재를 면제받으려면 행정부는 물론이고 의회의 동의와 이에 따른 법 개정도 필요하다는 것을 의미한다.

한국이 핵무장 이전에 '핵 잠재력'부터 확보하는 것도 생각만큼 쉽지 않다. 1차 관문은 한미원자력협정이다. 이 협정에는 플루토늄 추출에 필요한 사용후핵연료 재처리는 "서면 합의"가 필요하며, 우라늄 농축은 "오직 20% 미만"으로만 이루어질 수 있다고 명시되어 있다. 이러한 협정을 개정하려면 '정부 간 협상 및 합의→대통령의 승인→의회 통보 및 검토→의회 동의 시 승인'의 절차를 밟아야 한다. 한국이 핵

잠재력를 확보하려는 것은 여차하면 단기간에 핵무장을 할 수 있는 능력을 확보하기 위해서인데, 미국 대통령·행정기관·의회가 이에 동의해줄지 여부는 짙은 안갯속에 있다. 한국이 협정에서 탈퇴하는 방법도 있는데, 이 협정을 종료하려면 1년 전에 미국에 통보해야 한다. 그리고 이러한 선택은 앞서 언급한 미국 제재법의 적용을 불러올 수 있어, 이를 피하려면 미국 의회가 관련 법을 대폭 손질해야 한다.

그런데 국제사회에는 미국만 있는 것이 아니다. 과거보다는 약해졌다고 하지만, 핵비확산은 여전히 강력한 국제 규범이다. 앞서 소개한 미국의 동맹·우방국들은 NPT 발효 이전 또는 NPT에 가입하지 않은 상태에서 핵무장을 했다. 영국과 프랑스는 전자, 이스라엘과 인도와 파키스탄이 후자에 해당된다. 반면 한국이 핵무장을 하려면 이 조약과 IAEA에서 탈퇴해야 한다. 한국이 이런 선택을 하면 조선에 이어 NPT 역사상 두 번째 탈퇴국이 된다. NPT에서 탈퇴하면 유엔 안보리 회부를 피할 수 없다. 미국이 거부권을 행사해 유엔 차원의 제재를 피하더라도 한국의 핵무장을 반대하는 나라들의 제재는 피하기 어렵다. 러시아가 우크라이나 침공으로 유엔 제재가 아니라 서방 및 그 동조국들의 강력한 제재를 받고 있는 것이 한 사례이다. 무역의존도가 80%가 넘고, 국제 금융시장에 깊숙이 편입되어 있으며, 이미 저성장의 늪에 빠진 한국 경제가 엄청난 재앙을 맞게 될 수 있다는 이야기다.

이러한 점들을 종합해보면, 한국이 비핵국가에서 핵무장으로의 '전환의 계곡'을 넘기로 결심하면, 그 계곡에 빠져 오랜 시간 허우적거릴 가능성이 매우 높다. 설사 계곡을 지나가도 더 어두운 세상이 펼쳐질 것이다. 경제적으로는 매우 피폐해지고, 정치·사회적으로는 극심한 남남 갈등의 후유증에 시달릴 것이다. 한국 안보의 근간이라는 한미 동맹에도 불확실성이 커질 것이다. 손에 쥔 핵무기도 조선보다 많지 않을 것이다. 우라늄 광산에서부터 핵무기 제조까지 자체적인 '핵무기 완성 주기'를 갖고 있는 조선은 2025년 현재 100개 가까운 핵무기를 보유하고 있고, 매년 10개 안팎을 늘릴 수 있기 때문이다. 또 한국이 본격적으로 핵무장에 나서면 러시아가 조선의 전략무기 개발 지원에 나설 공산도 커진다. 무엇보다도 상시적인 핵전쟁의 공포가 한반도를 배회하게 될 것이다.

08

'윤석열 이후 한국'이
나아가야 할 길

이 책은 주로 북미 관계를 중심으로 한국을 둘러싼 대외 관계 문제를 다루고 있다. 그래서 한국이 처한 외교적·안보적 위기를 돌파할 수 있는 대안을 찾으려면 조선은 물론이고 주변국들인 미중일러를 비롯한 국제사회와의 관계가 매우 중요하다. 외교·안보는 상대가 있는 게임이기 때문이다. 하지만 상대가 한국의 접근 방식에 호응할지 여부는 알 수 없다. 이게 바로 대외 관계의 역설이다. 현실에서는 관계가 중요하고 대안의 목적은 지금보다 더 나은 미래를 만드는 데 있는데, 대안을 타국과의 관계에 종속시키면 선택지가 좁아질 수 있기 때문이다.

그래서 대안은 '우리 안에 있다'는 발상의 전환이 필요하다. 김정은의 "새로운 길"은 바로 이 점을 포착했다. 한국과 미국 등 타자와의 관계에 방점을 찍었던 노선을 접고 내부 역량을 결집해 생존과 번영의 길을 찾고, 강해진 내부 역량을 발판 삼아 대외 관계의 변화도 모색하고 있다. 이러한 맥락에서 볼 때, 김정은이 내세우는 '우리국가제일주의'는 트럼프의 '미국 우선주의'와 닮은꼴이다. 내가 대북 정책을 포함한 대외 정책의 기본 정신으로 '이기이관'을 강조하는 것도 이러한 문제의식에 따른 것이다. 한국의 선택을 타자와의 관계에 종속시킬 것이 아니라 '나를 이롭게 하면서 타자와의 관계도 이롭게 할 수 있는 방안'을 찾아보자는 것이다.

　　한국을 누란의 위기로 내몰면서 미국을 비롯한 타자와의 관계도 엉망진창으로 만든 윤석열의 조기 퇴진은 이를 위한 공간이 열릴 수 있다는 것을 의미한다. 하지만 이런 기회는 자연스럽게 주어지지 않는다. 우리는 남북 관계와 한미 관계를 포함한 대외 환경의 변화를 날카롭게 포착하고, 한국이 처한 복합·다중 위기의 심각성을 직시하며, 관성과 금기를 깨는 새로운 선택도 공론화할 수 있는 용기와 지혜를 발휘할 수 있어야 한다. 무엇보다도 할 수 있는 일을 찾아내어 하겠다는 결의가 필요하다. 그럼 '윤석열 이후 한국'이 나아가야 할 길은 무엇일까?

탈북한의 상상력이 필요하다

윤석열 정권의 조기 퇴진은 향후 한반도 정세에 큰 변수가 될 것이다. 전반적으로 '대화 없는 남북 관계의 안정화'와 '한국이 배제된 북미대화'로 전개될 가능성이 높다. 북미 관계에 대한 전망은 앞서 다루었으므로 여기에서는 북미 관계에서 한국이 배제될 가능성이 높다고 보는 이유만 간략히 서술하려고 한다.

먼저 조선은 북미 정상회담 프로세스 초기에는 문재인 정부의 중재 및 촉진 역할에 사의도 표하고 기대도 했지만, 기대를 접은 이후부터는 마땅치 않게 생각했다. 따라서 윤석열 이후의 한국 정부가 북미 관계 중재와 촉진에 나서려고 하면 조선은 '끼어들지 말라'라고 하거나 아예 무시할 것이다. 또 북미가 소통과 대화가 필요하다고 판단할 경우 한국이라는 채널이 필요했던 '시즌 1' 때와는 달리 '시즌 2'에서는 한국을 거치지 않고 바로 대화할 수 있는 토대가 갖춰져 있다. "러브 레터"로 불렸던 정상 간의 친서 외교를 재개할 수도 있고, 특사 교환, 제3국에서의 접촉 등 다양한 방식을 취할 수 있게 된 것이다.

보다 근본적인 원인은 북미대화의 방정식이 바뀌었다는 데에 있다. 1990년대 초반 이래 2019년까지 대화를 원한

쪽은 조선이었다. 그래서 조선은 한국 정부가 북미대화에 호의적일 때 한국의 중재와 촉진을 기대했던 것이다. 하지만 2020년 이후에는 상황이 바뀌었다. 미국이 대화를 제의해도 조선은 묵묵부답이었다. 만약 2기 트럼프 때 북미대화가 재개된다 해도 미국의 제안과 조선의 수용이라는 형태를 띨 가능성이 높다. 조선이 미국의 제의에 호응하지 않는 경우에도 한국의 역할은 극히 제한적이 될 수밖에 없다. 남북대화가 사라진 상황에서 조선에 북미대화를 권유하는 것 자체가 어려워졌기 때문이다.

그렇다고 한국의 역할이 아예 사라졌다고는 할 수 없다. 한미 동맹과 한미 공조라는 틀은 여전히 살아 있기 때문이다. 우선 한국은 북미대화 재개의 분위기와 조건을 만드는 데 역할을 할 수 있다. 대규모 한미(일)연합훈련의 축소나 중단, 미국의 전략자산 전개 자제 요구 등이 대표적이다. 이는 트럼프도 충분히 고려할 수 있는 사안이라는 점에서 차기 한국 정부가 이러한 방향으로 방향을 잡으면 북미대화 재개에 기여할 수 있고 남북 관계의 회복에도 도움이 될 것이다.

한국 정부의 한반도 비핵화에 관한 입장 표명의 수위도 매우 중요하다. 이는 북미대화 재개뿐만 아니라 성과 여부에도 큰 영향을 미칠 수 있다. 동시에 한국의 가장 큰 고민거리이자 논란거리가 될 것이다. 차기 정부가 조선의 핵무장을 인정하겠다는 입장을 표명할 가능성이 없다는 점을 고려할 때, 세 가지 선택지가 있다.

첫째는 과거 정부들과 마찬가지로 한반도 비핵화는 물러설 수 없는 목표라고 강조하면서 이를 '입구'나 '중간 단계'에 두는 것이다. 그러나 이러한 입장은 단기적으로 비핵화 달성은 물론이고 협상조차도 불가능해진 현실과 너무나도 동떨어진 것이다. 특히 '선先비핵화' 노선을 고수할수록 북미대화에서 소외될 공산도 커진다. 설사 비핵화를 두고 좌고우면하는 트럼프 행정부를 설득하더라도 북미대화는 희박해지고 북핵 고도화는 선명해질 것이라는 딜레마가 존재한다. 이는 한반도 안보 불안의 상시화로 이어져 한국의 안보적·경제적·외교적 이익 훼손을 수반하게 된다. 트럼프가 동맹을 '거래주의적 시각'으로 접근하기에 더욱 그러하다.

둘째는 비핵화를 장기적이고 궁극적인 목표라고 밝히면서 이를 '출구' 쪽에 두는 것이다. 2기 트럼프도 이를 고려하고 있는 것으로 보이고 여러 전문가들도 이러한 주문을 하고 있는 만큼, 차기 정부가 이런 방향으로 움직일 공산은 크다. 다만 이러한 입장은 비핵화는 끝났다는 조선의 입장과 여전히 거리가 멀고, 조선의 핵무장을 사실상 용인하는 것이라는 보수 진영의 반발을 불러올 것이다.

끝으로 비핵화라는 용어를 비핵무기지대(비핵지대)로 대

체하면서 새로운 접근을 시도하는 것이다. 후술하겠지만, 나는 이 방법이 여러모로 유의미하다고 본다. 조선의 입장에서 볼 때 '비핵화'는 금지어인 반면에, '비핵지대'는 생각해볼 여지를 줄 수 있기 때문이다. 이러한 접근은 미국 등 국제사회에 한반도 핵문제 해결을 위한 '신선한 아이디어'를 공론화하는 효과도 있을 것이다.

트럼프의 귀환을 계기로 북미 관계에는 새로운 움직임이 일어날 것으로 보이지만 폭망한 남북 관계는 한국 정권이 바뀌더라도 회복되기는 어려울 것이다. 이렇게 전망하는 데에는 여러 가지 이유가 있다. 우선 남북 관계 악화는 문재인 정부 후반기인 2019년 하반기부터 본격화되었다. 이는 민주당이 정권을 잡아도 남북대화와 협력이 쉽게 복원되기 어려운 경험적인 원인으로 작용할 것이다. 또 조선은 '적대적 두 국가론'을 들고 나오면서 남북 관계의 유무형의 연결 고리를 거의 없애다시피 했다. 대남 부서와 관련 법·제도를 없앴고, 대표적인 남북경협이었던 금강산 관광과 개성공단 사업도 재개가 불가능할 정도로 만들었다. 남북 협력과 교류의 통로였던 경의선·동해선도 폭파하고 그 자리에 거대한 방어벽을 세워 군사 요새로 탈바꿈시켰다. 무엇보다도 김정은의 "새로운 길"은 '탈남조선'에 기반하고 있다.

그렇지만 윤석열 이후 민주당이 정권을 잡는다면 남북

관계의 적대성은 완화될 것으로 보인다. 대북 전단 살포, 대북 확성기 방송, 무인기 파동, "자유의 북진" 통일론, 한미(일) 연합훈련 및 미국의 전략자산 전개 강화, 접경 지역에서의 군사훈련 실시 등 윤 정부 시기에 이뤄졌던 대북 강경책이 누그러질 것이다. 이에 대해 조선도 대남 오물 살포 및 대남 괴음 방송 중단 등으로 호응할 가능성이 높다. 윤석열 집권기에 언제 무력충돌이 발생해도 이상하지 않을 만큼 남북 관계가 악화되었던 것을 떠올려보면, 이 정도만 되어도 한시름 내려놓을 것이다.

이러한 점들을 종합해보면, 차기 한국 정부 임기 중의 남북 관계는 '대화 없는 안정화'로 흐를 공산이 크다. 다시 친해질 수는 없지만 싸우지는 않는 관계가 될 거라는 뜻이다. 하지만 관계 개선 없는 안정화는 언제든 허물어질 수 있는 모래성과 같다. 그래서 설자리를 잃어버린 기존의 대북 정책을 두고 우왕좌왕하는 대신 한시라도 빨리 새로운 대북 정책과 한반도 평화 정책을 토론하고 설계해야 한다. 이 책의 전반부에서 언급한 '탈북한'과 '이기이관'은 이를 위한 좋은 화두가 될 수 있다. 이 두 가지의 상상력은 많은 논의를 가능하게 할 수 있기 때문이다.

예를 들어보자. 통일부는 남북대화와 협력의 주무 부처이다. 그런데 조선은 과거 통일부의 파트너였던 통일전선부와 조국평화통일위원회(조평통)를 없앴다. 통일부가 조선에 대화와 협력을 타진하려고 해도 어디에 보낼지부터 마땅치 않게 된 것이다. 이렇게도 질문해볼 수 있다. 한국 대통령이 "북한에 대화를 제의한다"라고 하면, 조선은 어떤 반응을 보일까? 아마 무시할 것이다. 이에 반해 "조선민주주의인민공화국(조선)에 대화를 제의한다"라고 하면, 조선으로서도 재고의 여지는 생길 수 있다.

물론 대통령을 비롯한 정부가 조선민주주의인민공화국(조선)이라는 표현을 사용하는 것에 대한 논란과 반발은 매우 클 것이다. 동시에 이건 다른 나라의 입장과 관계없이 한국이 국민적인 공감대를 형성해가면 가능한 일이기도 하다. 대안은 우리 안에 있는 셈이다. 내가 2024년 4월부터 조선이라고 부르는 까닭도 여기에 있다. 이렇게 부르는 사람들과 이렇게 표기하는 언론이 늘어날수록 그 호칭에 대한 생경함과 거부감은 줄어들고, 정부가 이 호칭의 수용 여부를 고심하게 될 때 부담도 덜해질 수 있다고 여기기 때문이다. 국내에서는 '선민후관先民後官'이자 남북 관계 차원에서는 '변화를 통한 접근'인 것이다.

'탈북한'의 상상력은 여기에서 그치지 않는다. '우리 안의 북한'을 내려놓고 '통일 지향적인 특수 관계론'에서 벗어나면 한국에서 보편적 기준과 가치를 실현할 수 있는 여러 방법을 모색할 수 있다. 많은 나라들이 그러하듯이 헌법에서 영토 조항을 뺄 수도 있고 이를 통해 국가보안법도 개폐할 수 있다. 민족주의나 통일을 앞세우는 접근보다는 한국과 조선이 유엔 회원국이라는 점을 직시하고 '일반적인 국가 대 국가의 관계' 차원에서 새로운 관계 구축의 실마리를 찾을 수도 있다. 군사분계선(휴전선)을 국경선으로 선환해 세계 최대의 군사 밀집 지역을 탈군사화하는 방안, 한국과 조선의 상호 국가성 인정과 수교, 더 나아가 자유무역협정(FTA) 체결, 그리고 유럽연합과 흡사하면서도 사실상의 통일에 근접한 '한반도연합'의 창설 등이 이에 해당된다. 꿈같은 소리로 들릴 수 있지만, 나는 이러한 접근이 분단 80년 동안 다양한 방식으로 거론되어온 통일론보다는 더 현실적이고 이롭다고 생각한다.

이러한 탈북한의 상상력은 이기이관의 정신과 만날 때 빛을 발할 수 있다. 한국과 조선이 처한 현실과 예측 가능한 미래는 이러한 정신의 필요성을 일깨워준다. 냉정하게 보면 한국은 정점을 지났고 조선은 바닥을 쳤다. 남북 국력 격차의 핵심 지표로 일컬어져온 경제력을 보더라도 그렇다. 경기 침체에 빠진 한국에서는 저성장이 '뉴노멀'이 되고 있다고 해도 과언이 아니다. 반면 조선의 발표에 따르면, 조선은 지난 5년간 연평균 10% 정도의 성장률을 보였고, 앞으로도 이 정도의 고도성장을 유지할 공산이 크다. 또 한국에서는 지방 소멸이 빠르게 진행되고 있지만, 조선은 지역 균형 발전에 박차를 가하고 있다. 2배 가까이 차이가 났던 인구 차이도 빠르게 줄어들 것이다.

그래서 나는 '우리부터 챙기자'는 말을 하고 싶다. 체제 경쟁에서 압승했다는 자만심은 '북한'을 상대로 가르치고 간섭하고 도와주고 혼내주는 방식으로 소비되어왔다. 하지만 이런 방식은 더는 통용될 수 없을뿐더러, 솔직히 이제는 '내 코가 석 자'이다. '북한' 걱정을 하기에는 우리가 처한 위기가 너무나도 심각하다. 어쩌면 '우선주의'가 필요한 건 한국일지도 모른다. 김정은의 '우리국가제일주의'가 한미일에 대한 적대성을 띠고 있고 트럼프의 '미국 우선주의'가 배타적이고 약탈적인 성격을 갖고 있다면, '한국 우선주의'는 나부터 이롭게 하면서 관계도 이롭게 하는 방향으로 설계할 필요가 있다. 내가 이기이관이라는 신조어를 만든 이유이다. 그럼 이기이관의 예로는 어떤 게 있을까?

무력 흡수통일론을 접으면 '나비 효과'가 펼쳐진다

앞서 나는 대안은 우리 안에 있고 그 대안을 구체화하기 위해서는 탈북한의 상상력과 이기이관의 정신이 필요하다고 했는데, 이것을 모두 아우를 수 있는 선택지가 있다. 바로 한반도 전쟁이나 '북한 급변 사태'가 발생하면 무력으로 통일을 완수하겠다는 꿈을 깨끗이 접는 것이다. 단언컨대, 이 꿈을 접으면 많은 것이 달라질 수 있다. 복합적이고 다중적인 '한국의 위기'를 완화하고 대처하는 데에도, 폭망한 남북 관계에 새로운 활력을 불어넣는 데에도, 전환기를 맞이한 한미 동맹을 재설정하는 데에도, 글로벌 위기의 핵심인 기후위기에 대처하는 데에도 도움이 될 수 있기 때문이다.

이 책의 핵심 주제인 한반도 문제는 저성장·민생고·불평등·인구 소멸·정치 양극화 등 한국 내부의 위기와 연결되어 있고, 기후 재앙과 지정학적 대결로 대표되는 글로벌 위기와도 연결되어 있다. 세계적인 석학 재레드 다이아몬드가 말한 것처럼, "위기란 일반적인 대처법과 문제해결법으로는 극복할 수 없는 중대한 도전에 직면한 상황"을 의미한다. 그는 이러한 위기를 돌파하기 위해서는 "선택적 변화"를 추구해야 한다고 역설한다. '선택적 변화'라는 말 속에는 우리에게 선택권이 있으며 그 선택을 통해 유의미한 변화를 만들어낼 수 있다는 뜻이 내포되어 있다. 아울러 여러 위기는 서로 연결되어 있기에 악순환을 끊고 선순환을 만들어내려면 융합적 사고도 필요하다.

이를 위해서는 유사시 무력 흡수통일론이 복합·다중 위기의 증폭제 역할을 해왔다는 점부터 인식해야 한다. 유사시 이러한 계획을 집행하려면 평소에도 막대한 국가적 에너지를 소비해야 한다. 이처럼 국가적 에너지를 크게 소모시키는 요소들 가운데 대표적인 것이 2025년 기준으로 60조 원을 넘어선 국방비, 50만에 달하는 대군과 징병제 유지, 압도적으로 세계 최대 규모로 실시되어온 한미연합훈련 등이다. 이는 앞서 언급한 한국 내부의 문제를 해결하는 데 필요한 인적·물적 자원의 낭비를 초래한다. 또한 김정은 정권이 '적대적 두 국가론'을 내세운 핵심적인 배경이 되었다. 이러한 요소들은 주한미군과 한미 동맹에 대한 의존을 높여 전시작전권 환수와 주한미군 감축 등 한미 관계의 변화도 어렵게 만든다. 한국이 흡수통일 역량을 강화하기 위해 한미일 결속을 다질수록 동북아의 신냉전을 재촉한다. 군사 부문의 탄소 배출을 늘리고 기후위기 대처에 필요한 재원 마련과 협력을 저해해 기후위기도 가속화한다.

따라서 한국이 이러한 계획을 내려놓을 경우 많은 것이 달라질 것이다. 우리부터 이로워진다. 무력 통일론은 배제하고 외부의 위협 억제 및 억제 실패 시 방어와 격퇴를 국방의 목적으로 확립하면, 적정 병력수를 30만 명 이하로 줄일 수 있다. 특히 시기상조라는 말만 반복해온 모병제 도입도 가능해진다. 성별에 관계없이 원하는 사람이 일정한 심사를 거쳐 군대에 가고, 동연령대의 청년층에 비해 소득이 높고 안정적인 일자리를 보장하는 방향으로 모병제를 설계한다고 가정해보자. 이렇게 하면 군대 문제로 인한 젠더 갈등을 완화하는 데 기여할 수 있다. 직업군인을 선택한 청년과 사회 진출을 선택한 청년 모두의 소득도 증대되어 청년 빈곤과 사회경제적 불평등을 완화하는 데에도 도움이 된다. 소득 증대와 더불어 청년들의 사회 진출 시기도 앞당겨져 출산율을 높일수도, 군대에 있는 청년이 줄어들고 사회에 진출하는 청년이 늘어나 실질적인 노동 가능 인구가 늘어날 수도 있다.

2025년 기준으로 60조 원을 넘어선 국방비 역시 크게 줄일 수 있고, 절감한 예산을 민생 분야에 사용하면 우리 사회 구성원의 삶의 질이 높아질 것이다. 일자리 창출 효과가 대표적이다. 2017년 9월 산업연구원이 작성한 보고서에 따르면, 당시 국방비가 정부 예산에서 차지한 비중은 10% 수준이었지만 제조업 내 방위산업 고용 비중은 0.9%에 불과했다. 이는 이스라엘과 미국의 10분 1에도 못 미친다.[*] 2015년 미국의 한 연구자가 미국 정부 통계 자료를 분석한 내용에

---

[*] 〈연합뉴스〉, 2017.09.24. https://www.yna.co.kr/view/AKR201709
23029200003.

따르면, 같은 비용을 방산 분야에 투자할 때보다 교육 및 보건·의료에 투자할 때 고용 창출 효과는 2배 이상, 신재생 에너지 및 인프라 분야에 투자할 때에는 40% 이상 높은 것으로 나타났다.** 두 가지 통계는 한국이 국방비를 줄여 교육·보건·의료·신재생에너지·인프라 등 공공 분야에 투입할 경우 일자리 창출 효과가 상당히 클 것이라는 점을 말해준다. 공공서비스를 확대하면 전체 구성원의 삶의 질에도 긍정적인 영향을 줄 수 있다.

무력 통일론 배제는 한국이 기후위기에 적극적으로 대처하면서 국제적 위상을 높이는 데에도 긍정적인 효과를 미칠 수 있다. 이미 기후위기는 한국인을 포함한 지구 생명체의 존재론적 위협으로 작용하고 있다. 막대한 탄소를 배출하고 기후위기 대처에 필요한 재원 마련과 국제 협력에 어려움을 가중시키는 군사 부문은 특히 기후위기 대처에 가장 큰 사각지대이다. 한국은 기후변화에 취약한 지역 가운데 하나이자 세계에서 군사활동이 가장 활발하게 전개되는 곳이다. 압도적으로 세계 최대 규모로 실시되어온 한미연합훈련이

** Heidi Garrett-Peltier, "Job Opportunity Cost of War", May 24, 2017, https://watson.brown.edu/costsofwar/files/cow/imce/papers/2017/Job%20Opportunity%20Cost%20of%20War%20-%20HGP%20-%20FINAL.pdf.

대표적이다. 무력 통일론 배제가 기후위기 대처에도 기여할 수 있다는 주장의 근거는 바로 이 지점에 있다. 가령 한미연합훈련에서 큰 비중을 차지하는 대북 점령 및 안정화 작전을 폐지할 경우 탄소 배출을 크게 줄일 수 있을 뿐만 아니라 무력 통일 계획과 관련이 있는 무기 및 장비의 생산과 부대 운용 규모도 줄일 수 있어 이들 부문에서 배출되는 탄소량 역시 줄일 수 있다. 한국이 이러한 변화를 추구한다면 국제사회에서 '기후 악당'이라는 오명을 씻고 위상을 크게 높일 수 있다. 기후위기에 절망하고 있는 인류 사회에 새로운 비전과 대안을 제시하는 셈이기 때문이다.

여기까지는 확실한 기대효과이다. 잠재적 기대효과도 있다. 남북 관계와 한미 관계를 포함한 한반도 문제의 재설정이 바로 그것이다. 우선 한국의 무력 흡수통일론 배제는 남북 간의 정치·군사적 신뢰 구축에 크게 기여할 수 있다. 김정은이 '남조선혁명론'과 '무력 통일론'을 내려놓겠다고 한 만큼, 상호 불가침과 무력 통일 배제를 남북대화의 의제로 삼을 수도 있다. 이러한 새로운 관계 설정은 핵문제에도 긍정적인 영향을 미칠 수 있다. 조선이 핵무력 건설에 집중하는 이유 가운데 하나는 한미 동맹에 비해 절대적인 열세에 있는 군사력의 격차를 줄이고 유사시 한미 동맹의 무력 통일 시도를 저지하겠다는 것이다. 따라서 한국의 무력 통일론 배제는 단기적으로는 북핵 동결과 감축을 포함한 군비 통제 협상에 유리한 환경을 조성하고, 궁극적으로는 '핵무기와 핵위협이 없는 한반도'를 추구할 수 있는 토대를 마련해줄 수 있다. 트럼프의 귀환으로 일대 파란이 예상되는 한미 동맹도 긍정적인 변화를 도모할 수 있다. 기실 유사시 무력 통일론은 '과거의 미국'에 기댄 것이다. 과거의 미국은 한반도 전쟁 발발 시 60만 명이 넘는 증원 전력을 파견해 한국군과 함께 '북한 점령과 안정화 작전'을 수행하겠다고 약속했다. 그러나 미국도 크게 달라졌다. 미국인이 희생될 수 있는 전쟁에 직접 개입하는 것을 갈수록 꺼리고 있다. 이런 미국이 수많은 사상자 발생이 불가피한, 그리고 핵전쟁으로 비화될 것이 거의 확실한 통일 전쟁에 한국과 함께할 것이라는 가정 자체가 비현실적이다. 이에 반해 이 계획을 내려놓으면 한미 동맹의 군사적 부담과 수요는 크게 줄어든다. 축소 지향적인 한미 동맹을 원하는 트럼프와 '상호 만족할 수 있는 논의'가 가능해질 수 있다.

이러한 점들을 종합해볼 때, 한국의 정치권과 시민사회는 지금까지 한 번도 논의된 적이 없는 무력 통일론 배제를 진지하게 논의해볼 필요가 있다. 우리 사회와 정치권이 합의하면 실현 가능한, 다른 나라들도 반길 만한 대안이라는 점에서 더욱 그러하다. 무엇보다 이러한 대안은 한국을 이롭게 하면서 남북 관계와 한미 관계도 이롭게 하는 접근법이다. 내가 강조한 이기이관의 요체가 바로 여기에 있는 것이다.

주한미군은 반으로 줄이고 확장억제는 유지하자

이젠 한미 동맹 얘기로 넘어가보자. 나는 '주한미군의 50% 정도 감축과 확장억제 유지'가 한미 동맹의 미래와 관련해 양국이 상호 만족할 수 있는 조건이 될 것이라고 전망한다. 현실적으로 주한미군의 완전 철수는 어렵다. 막대한 병력·무기·장비를 수용할 수 있는 미국 본토와 일본·괌·하와이 등의 기지 규모가 제한적이고, 철수에 소요되는 비용과 시간도 상당하기 때문이다. 일례로 2020년 7월 트럼프 당시 미국 대통령은 주독미군 약 1만 2,000명을 감축하겠다고 발표했는데, 마크 에스퍼 당시 미국 국방장관은 주독미군 재배치 작업에 "수십억 달러의 비용이 소요될 것"이라며 난색을 표했다. 그리고 2021년 1월 바이든이 취임하면서 이 계획은 무산되었다.

그리고 2기 트럼프가 주한미군 감축을 추진하더라도 확장억제까지 철회할 가능성은 거의 없다. 트럼프 본인부터 확장억제 철회를 언급한 적이 없을뿐더러 그의 측근들도 확장억제는 계속 유지될 것이라는 입장을 밝혀왔기 때문이다. 역사적인 사례도 이러한 전망을 뒷받침해준다. 대규모의 주한미군 감축을 실행했거나 검토했던 아이젠하워 행정부, 닉슨 행정부, 카터 행정부, 조지 H. W. 부시 행정부, 그리고 조지 W. 부시 행정부 모두 확장억제 유지나 강화를 전제로 삼았다. 이에 따라 한국이 자체적인 핵무장을 선택하지 않는 한, 확장억제는 '상수'라고 해도 과언이 아니다.

그렇다면 내가 '주한미군 50% 감축과 확장억제 유지'를 한미 동맹의 현실적이면서도 바람직한 미래라고 보는 이유를 설명해보겠다. 만약 주한미군을 감축하더라도 한미 동맹의 압도적인 대북 군사적 우위는 유지된다. 주한미군의 병력 구조상 육군이 3분의 2를 차지하는데, 감축 추진 시 주된 대상은 육군이 될 것이다. 대북·대중 억제 전력의 핵심인 공군과 해군 전력의 변화는 크지 않을 것이라는 뜻이다. 또 미국의 군사력 평가 기관인 글로벌 파이어파워에 따르면, 2025년 세계 군사력 순위에서 한국은 3년째 5위를 유지하고 있고 조선은 34위로 3년째 30위권에 머물러 있다. 여기에 핵무기 전력은 포함되어 있지 않지만, 미국의 확장억제와 한국의 막강해진 전략적 타격 능력을 고려할 때 북핵 대처 역량은 충분히 유지된다고 할 수 있다.

그리고 주한미군을 감축할 경우 절감되는 비용의 규모

도 엄청날 것이다. 인건비를 제외한 주한미군의 '비인적비용'은 현재 연간 25억 달러에 달하는데, 미군 규모를 절반으로 줄이면 연간 10억 달러 안팎을 줄일 수 있다. 동시에 연합훈련비 역시 감축될 것이다. 미국으로서는 미군 재배치 비용이 일시적으로 발생하지만, 주한미군 주둔비 자체를 크게 줄일 수 있게 되는 셈이다. 한국이 방위비 분담금을 증액하지 않아도 되는 것은 물론이다. 아울러 수원 등에 있는 군공항을 주한미군 기지로 이전하면, 해당 지역의 숙원을 해결할 수 있다.

이러한 한미 동맹의 재편은 앞서 설명한 유사시 무력 흡수통일론을 내려놓는 한미 군사전략 재조정과 병행될 경우 더욱 큰 의미를 지닐 수 있다. 기실 한미 동맹의 목표에 유사시 무력 통일 계획은 본래부터 있었던 것이 아니라 냉전 종식과 미국 단극체제의 등장, 그리고 남북 간의 국력 격차가 확연해진 1990년대 들어 생겨난 것이다. 이에 따라 무력 통일 배제와 대북 억제 충실은 한미 동맹 본연의 임무로 돌아가는 것이라고 할 수 있다. 또 무력 흡수통일론을 유지하느라 한국이 감당하고 있는 인적·물적 부담을 줄일 수 있다는 이점도 유념해야 한다.

문제는 한국이 미국의 확장억제에 대해 불신을 느낀다는 것이다. 억제deterrence의 사전적 정의는 "어느 세력이 보복의 위협을 효과적으로 활용함으로써 적대 세력이 공격을 하지 못하도록 하는 것"이다. 확장억제extended deterrence는 여기에서 더 나아가 '네가 나의 친구를 공격하면 내가 너한테 보복할 거야'라고 위협함으로써 적대 세력이 자신의 동맹국을 공격하지 못하게 만들겠다는 개념이다. 이러한 억제의 근본 취지는 상대방이 무력 공격을 통해 얻고자 하는 이익보다 손실이 더클 것이라는 점을 깨닫게 하는 데 있다.* '절대 무기'로 불리는 핵무기를 통한 보복 위협이 대표적이다. 미국은 세계 최강의 핵보유국이고, 한국은 비핵국가이며, 한미 동맹의 '공동의 적'인 조선은 핵무기를 갖고 있다. 그래서 미국은 조선이 한국을 핵무기로 공격하면 핵보복을 가하겠다고 경고한다. 그런데 이를 못 믿겠다는 한국인들이 늘어나고 있다.

2024년 하반기에 실시된 중앙일보와 동아시아연구원(EAI)의 공동 기획 여론조사에 따르면, 미국이 제공하는 확장억제를 불신한다는 한국인의 비율이 2023년 26.2%에서 2024년 47.4%로 급증했다. 또 한국의 자체 핵무장에 대한 지지 여론은 58.5%에서 71.4%로 크게 높아졌다.** 이처럼 미국의 확장억제에 대한 신뢰와 한국의 자체 핵무장론은 반

• Michael J. Mazarr, "Understanding Deterrence," Perspective - Expert insights on a timely policy issues (2018), www.rand.org/t/PE295.

•• 박현주·정영교, "한국 안보, 국민에 묻다", 〈중앙일보〉, 2024.10.08.

비례 관계에 있다. 주목할 점은 윤석열-바이든의 '워싱턴 선언'을 통해 미국 전략자산의 가시성과 정례성이 크게 높아졌고 한미 동맹이 "핵기반 동맹"으로 강화되었다고 강조했는데도 이러한 현상이 나타나고 있다는 것이다.

왜 그럴까? 한미가 확장억제 강화에 매달릴수록 북핵 능력도 비약적으로 강해져왔기 때문이다. 바이든 행정부가 취임한 2021년 1월 스톡홀름국제평화연구소(SIPRI)는 조선이 40~50개의 핵무기를 만들 수 있는 핵물질을 보유하고 있다고 밝히면서도 실제로 몇 개의 핵무기를 제조했는지에 대해서는 판단을 유보했다.[*] 반면 3년이 지난 2024년 1월에는 50개의 핵무기를 보유하고 있는 것으로 추정하면서 여기에 핵물질 보유량을 추가하면 최대 90개의 핵무기를 확보할 수 있는 능력을 갖고 있다고 분석했다.[**] 이처럼 북핵 능력이 강해지는 현실 앞에서 한국인 사이에 미국의 확장억제에 대한 믿음은 약해지고 자체 핵무장에 대한 여론은 강해지고 있는 것이다.

그렇다면 미국의 확장억제는 믿을 수 없는 것일까? '사후 세계를 믿느냐'라는 질문으로 치환해보자. 당연한 말이지만 사후 세계의 존재 여부를 산 사람은 알 수 없고 죽은 사람

- [*] https://www.sipri.org/sites/default/files/SIPRIYB21c10sIX.pdf.
- [**] https://www.sipri.org/sites/default/files/YB24%2007%20WNF.pdf.

은 알려줄 수 없다. 그래서 사후 세계 논쟁은 부질없다. 그럼 조선이 한국에 핵을 사용하면 미국이 핵으로 보복하겠다는 약속은 지켜질까? 평소에는 알 수 없고 전쟁이 나서 조선이 한국을 향해 핵무기를 사용해봐야 알 수 있다. 사후 세계가 궁금하다고 죽을 수 없듯이 미국의 확장억제를 검증하기 위해 전쟁을 해볼 수는 없는 노릇이다. 그래서 '미국이 과연 핵보복을 해줄까'라는 의문은 사후 세계에 대한 궁금증만큼이나 허망한 것이다.

이러한 확장억제의 특성은 핵무장론자들이 즐겨 사용하는 '미국이 서울을 구하기 위해 워싱턴을 포기할 수 있겠느냐'는 질문부터 잘못되었다는 것을 말해준다. 미국이 조선에 핵보복을 가할지 여부를 결정한다는 것은 대한민국 어딘가에 이미 버섯구름이 피어올랐다는 것을 전제로 하기 때문이다. 따라서 정확한 질문은 '미국이 서울을 초토화시킨 조선을 상대로 미국 대도시의 희생 가능성을 무릅쓰면서까지 핵보복을 가할 것이냐'가 되어야 한다.

핵무장론자들이 수시로 호명하는 프랑스의 샤를 드골 대통령의 발언 취지도 정확히 짚어볼 필요가 있다. 이들은 드골이 "미국이 파리를 지키기 위해 뉴욕을 포기할 수 있겠느냐"라고 반문하면서 자체 핵무장을 선택했다고 주장한다. 하지만 이는 왜곡된 이야기이다. 드골이 존 F. 케네디 대통령에게 핵우산 신뢰성의 문제를 집중적으로 제기한 것은 케네디가 1961년 5월 31일~6월 2일에 파리를 방문했을 때였다. 당시 두 정상의 대화를 담은 기밀 해제 문서에 따르면, 드골은 케네디에게 "만약 소련이 핵전쟁을 개시하면 미국이 보복할 것이라고 확고히 믿는다"라고 말했다. 동시에 그는 "소련이 재래식 공격을 가해오면 미국이 과연 핵무기를 먼저 쓸 수 있겠느냐"라고 문제를 제기했다.[*] 드골은 소련의 선제 핵공격에 대한 미국의 핵보복에 대해서는 믿음을 갖고 있었지만, 소련의 재래식 공격에 대응해 미국이 핵무기를 먼저 사용할 수 있겠느냐는 의문을 제기한 것이다.

이러한 의문은 소련을 비롯한 바르샤바조약기구가 재래식 군사력에서 북대서양조약기구(나토)보다 압도적인 우위에 있었던 것에 대한 불안감을 반영한 것이다. 동시에 소련의 재래식 공격에 미국이 핵보복으로 응수하면 미국 본토도 소련의 핵보복에 노출될 수 있는데 미국이 이러한 위험을 감수하겠느냐는 의구심이 내포된 것이다. 그런데 냉전 시대 유럽과 달리 오늘날 한반도에서는 한미 동맹의 군사력이 조선을 압도하고 있다. 드골이 의문을 품었던 상황과는 맥락 자

[*] https://foreignpolicy.com/wp-content/uploads/2022/10/Kennedy-de-Gaulle-memo-1961-Soviet-nuclear-weapons.pdf.

체가 다른 것이다.

기실 미국의 확장억제에 대한 한국인들의 불신과 관계 없이 확장억제는 작동하고 있다. 조선이든 다른 어떤 나라든 한국에 핵공격을 가하는 나라는 없기 때문이다. 그리고 확장억제는 명칭에서도 알 수 있듯이 억제가 목적이지 핵보복 자체가 목적이 아니다. 핵보복 경고는 상대를 억제하기 위한 수단이다. 그래서 실제로 핵보복을 가한다는 것은 확장억제가 실패했다는 것을 의미한다. 그런 이유로 핵확장억제^{nuclear} ^{extended deterrence}를 일반적으로 '핵우산'이라고 부르는 것이다.

무엇보다 미국의 확장억제 상대는 한국이 아니라 조선이다. 한국은 보호의 대상이고 조선은 억제의 대상이다. 따라서 조선이 한국을 상대로 핵무기를 사용하면 미국이 핵보복을 가하겠다는 다짐을 한국이 믿느냐보다 조선이 믿느냐가 더 중요하다. 그런데 조선은 믿는 정도가 아니라 피해망상마저 갖고 있다. 유사시 미국이 핵보복을 가할 뿐만 아니라 여차하면 선제 핵공격도 불사할 것이라고 여긴다. 이는 조선의 시각에서 미국의 확장억제 문제를 살펴볼 필요가 있다는 것을 말해준다.

일단 미국은 줄곧 조선을 향해 '미국이나 미국의 동맹국에게 핵무기를 사용하는 순간 너희는 끝장날 것'이라고 위협해왔다. 이러한 미국의 핵보복 위협을 받는 조선은 어떤 선택을 할까? 미국의 경고와 위협을 허풍이라고 간주하고, 미국이 핵보복에 나서지 못할 것이라는 일말의 희망에 기대어 한국에 핵공격을 감행할까? 이것은 마치 10발의 총알을 넣을 수 있는 회전식 연발 권총에 9발이 장전된 상태에서 벌이는 '러시안 룰렛' 같은 일이다. 미국이 핵보복에 나서면 조선은 방사능으로 오염된 석기시대로 돌아갈 것이고, 핵무기를 동원하지 않더라도 한미일과 유엔사 전력공여국들의 비핵무기를 동원한 보복 공격으로 초토화될 것이기 때문이다. 조선의 지도자가 과연 본인의 관자놀이에 총구를 대고 방아쇠를 당기겠는가? 조선이 생존을 위해 만들었다는 핵무기를 이런 식으로 쓸 수 있다는 것이 과연 합리적인 가정인가?

물론 우리는 김정은 정권의 오판 가능성도 경계해야 한다. 그런데 미국의 확장억제에 대한 한국의 불신은 조선의 오판 가능성을 줄이는 데 하등 도움이 되지 않는다. 오히려 한미가 확장억제에 대한 공동의 목소리를 낼수록 조선의 오판 가능성도 줄어들 수 있다. 만약 전쟁이 터질 경우 조선이 한국을 상대로 핵무기를 사용할 가능성을 배제할 수는 없다. 그래서 전쟁 방지는 절대적으로 중요한 과제이다. 대북 억제를 유지하면서도 긴장을 완화하고 신뢰를 구축할 수 있는 관계 개선에도 나서야 하는 것이다.

또한 우리는 대북 억제와 관련해 '능력'과 '느낌'을 구분

해서 볼 필요가 있다. 능력의 관점에서 볼 때, 한미 혹은 한미일의 대북 억제력은 막강하다. 한국의 동맹국이자 확장억제를 공언하고 있는 미국의 군사력은 세계 최강이다. 한국의 군사력도 비약적으로 강해졌다. 재무장에 박차를 가하고 있는 일본도 공격용 무기 도입을 본격화하고 있다. 한반도 유사시 전력을 공급하겠다며 한미연합훈련에 동참하고 있는 유엔사 회원국도 10개국이 넘는다. 이들 나라가 직간접적으로 참여하는 연합훈련의 규모는 압도적인 세계 1위이다. 이 정도면 대북 억제력은 부족한 것이 아니라 넘쳐난다고 해도 과언이 아니다.

여기서 우리는 자문해야 한다. '대북 억제 능력은 충분한데, 끊임없이 결핍감에 시달리는 것이 과연 이로운 것인가?' 결코 그렇지 않다. 우선 결핍감을 채우고자 군사력과 군사태세를 강화할수록 한미 동맹에 비해 열세에 있는 조선은 더더욱 핵고도화에 매달릴 것이다. 이렇게 군비경쟁과 안보 딜레마가 악순환의 늪에 빠지면, '핵이라는 이 시대 다모클레스의 검'을 붙잡고 있는 말총이 흔들리고 얇아질 수 있다. 전쟁을 억제하려는 행동이 오히려 전쟁 위기를 고조시킬 수 있다는 뜻이다. 한편 한국이 이미 강력한 미국의 확장억제를 더 강화해달라고 매달릴수록 미국이 한국에 내미는 부당한 청구서에 당당히 대응하기가 더욱 힘들어진다.

그럼 대안이 뭐냐는 반문이 나올 것이다. 핵무장론자들은 '핵에는 핵으로만 맞서야 한다'는 생각에 사로잡혀 있다. 하지만 이미 한반도에서는 미국과 조선의 핵이 날카롭게 대립하고 있다. 그래도 한국의 핵보유가 대안이라고 말하지만, 자체 핵무장은 결코 대안이 될 수 없다. 대안은 지금보다 더 나은 상태를 이끌어내야 하는데, 정반대가 될 것이기 때문이다. 한국이 단기간 내에 상당한 수준의 핵무장에 도달할 수 있다는 '과대망상'은 이게 실현되지 않으면 마치 세상이 곧 무너질 거라는 '피해망상'만 남기게 될 것이다. 그러므로 대안의 논리는 자체 핵무장론을 깨끗이 접고, 한반도 핵문제를 넓고 길게 고찰하는 것에서 시작될 수 있다.

비핵화가 사라지고 있는 자리에 무엇을 채워야 할까?

한반도 비핵화가 사라지고 있는 자리에 무엇을 채워야 할까? 비핵화를 다시 채워야 한다는 것이 한국의 주류 담론이지만, 그럴수록 북미대화와 비핵화의 가능성이 멀어진다는 딜레마가 존재한다. 한국의 자체 핵무장 역시 그 공백을 메우는 대안이 될 수 없다. 일각에서 거론하는 미국 핵무기 재배치도 마찬가지이다. '문 뒤의 총'을 문 앞에 갖다놓는 순간 핵군비경쟁이 격화되는 것은 물론이고 핵전쟁의 위험 또한 고조될 것이기 때문이다. 또 한반도의 긴장 완화를 추구하겠다는 트럼프의 대북 정책 기조와도 맞지 않는다. 그럼 비핵화를 포기해야 할까? 나는 그래야 한다고 생각한다. 비핵화가 빠진 자리를 '군비 통제와 비핵지대'로 채워야 한다고 믿는다.

국내에서는 진보와 보수를 막론하고 군비 통제나 핵군축 협상이 조선의 핵보유를 사실상 인정하는 것이므로 우리가 받아들일 수 없는 '최악의 시나리오'라고 말하지만, 꼭 그렇게 볼 일은 아니다. 조선의 ICBM 동결이나 감축은 한반도 유사시 미국의 개입을 저지하려는 조선의 대미 억제력 약화와 같은 말이다. 이는 조선이 핵을 사용할 경우 미국 본토가 공격당할 수 있다는 우려가 줄어들어 확장억제의 신뢰성을 높일 수 있다. 또 북핵 동결과 감축은 증강보다 훨씬 이롭다. 무엇보다 군비 통제는 군사력 균형을 가급적 낮은 상태에서 유지하면서 인간의 오판과 오인, 기계의 오작동으로 인한 우발적 충돌과 확전을 막자는 취지를 담고 있기 때문에 한반도에서의 전쟁 예방에 크게 기여할 수 있다. 군비 통제 모델이 트럼프의 턱없는 방위비 분담금 인상 요구를 막을 수 있는 효과적인 방식이라는 점 역시 빼놓을 수 없다. 이러한 점들을 종합해보면, 군비 통제 모델이 현재보다 더 나은 상태를 만들 수 있다는 점은 분명하다.

이제 비핵지대가 한반도 혹은 동북아 핵문제를 해결하는 궁극적인 해법이 될 수 있을지 진지하게 검토해보아야 한다.[*] 우리에게는 여전히 생소하지만, 비핵지대는 하나의 국제 규범이자 현실로 자리잡아왔다. 다음의 표에서 볼 수 있듯 현재 세계 면적의 50%가 넘는 지역이 비핵지대인데, 여기에는 중남미, 아프리카, 남태평양, 농남아시아, 중앙아시아의 여러 국가와 일국 비핵지대인 몽골 등이 속해 있다. 이렇듯 비핵지대가 세계 여러 지역에서 실현되어왔다는 점은 한반도 핵문제의 대안을 모색하는 데 유용할 수 있다.

그럼 비핵화와 비핵지대는 어떤 차이가 있는 것일까? 기실 차이를 논하는 것은 쉽지 않다. 한반도 비핵화에는 합의된 정의가 없기 때문이다. 조선이 주장했던 '조선반도 비핵화'는 자신의 핵무기 포기뿐만 아니라 미국 핵위협의 근본적인 해결을 의미했다. 반면 미국은 자신의 핵정책에는 손을 대지 않고 조선의 핵과 탄도미사일 프로그램 폐기로 국한하는 경우가 많았다. 한국의 경우에는 정권에 따라 달랐다. 문재인 정부는 '한반도 비핵화'를 공식적인 용어로 사용하면서 "핵무기와 핵위협이 없는 상태"로 정의한 반면, 윤석열 정부

---

[*] 한반도 비핵지대 구상에 관한 자세한 내용은 《한반도의 길, 왜 비핵지대인가?》, 정욱식, 유리창, 2020을 참조하라.

조약	지역	지대 면적 (㎢)	참가국 수	서명 개시 및 발효 연도•
틀라텔롤코조약	중남미/ 카리브해	21,069,501	33	1967/2002
라로통가조약	남태평양	9,008,458	13	1985/1986
방콕조약	동남아시아	4,465,501	10	1995/1997
세미팔라틴스크조약	중앙아시아	4,003,451	5	2006/2009
펠린다바조약	아프리카	30,221,532	53	1996/2009

출처: https://www.armscontrol.org/factsheets/nwfz.

는 '북한의 비핵화'를 공식 용어로 사용하면서 '북핵 폐기'를 주장했다. 이러한 비핵화를 둘러싼 동상이몽은 협상이 실패로 돌아간 중요한 원인이었다.

반면 비핵지대의 정의는 보다 분명하다. 비핵지대는 핵무기 및 핵 위협이 없는 상태가 구현되는 지역 혹은 지대를 일컫는다. 이에 기초해 유엔 군축위원회는 1999년 비핵지대 가이드라인을 제정했고 같은 해 유엔총회도 이를 승인한 바 있다. 그 내용은 크게 네 가지이다. 첫째는 "해당 지대 내 핵

• 서명 개시와 발효 연도가 다른 이유는 서명 국가 가운데 몇몇 국가의 경우에는 비준을 거쳐야 조약이 발효된다는 규정이 있기 때문이다. 조약 발효에 필요한 비준국의 숫자는 조약마다 다르다.

무기의 부재, 즉 핵무기의 개발, 제조, 실험, 보유, 배치, 접수, 반입 등을 금지"하는데, 이는 지대 내 국가들의 의무 사항으로 우리에게 익숙한 비핵화와 흡사하다. 그런데 비핵지대는 여기에서 그치지 않는다. 둘째로 5대 공식 핵보유국이자 유엔 안전보장이사회 상임이사국인 미국·중국·영국·프랑스·러시아가 해당 지대 국가에 대한 핵무기의 사용 및 시용 위협을 하지 않는다는 소극적 안전 보장을 약속하고, 해당 지대에는 핵무기 배치도 금지한다는 핵보유국들의 의무도 담겨 있는 것이다. 따라서 비핵지대의 경우 지대 내 국가들의 조약뿐만 아니라 5대 공식 핵보유국의 의정서 체결도 의무이다. 그리고 셋째는 "조약 체결국들은 조약 준수 기구를 설치해 조약 이행 준수를 감독하고 관련 분쟁을 해결한다"라는 것이다. 끝으로 비핵지대 조약은 회원국의 탈퇴 권리를 인정하면서도 조약의 유효기간을 '무기한'으로 정하는 것을 원칙으로 한다.•

이러한 내용에 비춰볼 때, 한반도 비핵지대 조약은 한국과 조선이 지대 내 당사자로 체결국이 되고 5대 핵보유국이 비핵지대 조약 의정서에 서명·비준하는 방식이 될 수 있다.

• 기존 비핵지대에 관한 자세한 내용은 《비핵무기지대》, 우메바야시 히로미치 지음, 김마리아 옮김, 서해문집, 2014를 참조하라.

그리고 한반도 비핵지대는 이렇게 정의할 수 있다.

> 대한민국과 조선민주주의인민공화국은 핵무기를 개발·생
> 산·보유·실험·접수하지 않고, 1992년 한반도 비핵화 공동
> 선언에 따라 우라늄 농축 및 재처리 시설을 보유하지 않는
> 다. 또 핵보유국들은 한국과 조선에 핵무기 사용 및 사용
> 위협을 가하지 않고 핵무기 및 그 투발 수단을 배치하지 않
> 는다는 것을 법적 구속력을 갖춘 형태로 보장한다.

이처럼 비핵지대에는 국제적으로 공인되고 합의된 정의가
존재한다. 세부적인 내용에 들어가면 비핵지대마다 약간의
차이는 있지만, 이 내용을 기본으로 한다. 이에 따라 한반도
문제에 관한 대화와 협상이 재개되면 당사국들은 비핵화의
개념을 둘러싸고 우왕좌왕할 것이 아니라 이미 존재하는 비
핵지대의 정의와 목표를 핵문제의 해법으로 삼는 것이 실용
적이다. 이를 위해서는 한국 시민사회와 정치권, 그리고 윤석
열 이후의 정부가 비핵지대를 연구·토론·공론화하면서 우리
사회 내부에서부터 공감대를 형성할 필요가 있다. 이를 바탕
으로 동맹국인 미국과 비핵지대와 관련해 풍부한 연구 성과
를 갖고 있는 일본 등 국제사회를 향해 논의의 저변을 확대
해야 한다.

아울러 한국과 조선뿐만 아니라 일본도 참여하는 '동북 아 비핵지대'도 타진해볼 수 있을 것이다. 일본은 "핵은 갖지 도, 만들지도, 들이지도 않는다"라는 '비핵 3원칙'을 국시國是 로 견지해왔다. 또 일본 내에서는 동북아 비핵지대 논의가 비교적 활발하게 이뤄져왔다. 따라서 한국, 조선, 일본을 지 대 내 당사자로 하고, 5대 핵보유국이 의정서 체결 형태로 참 여하는 동북아 비핵지대 논의도 생각해볼 수 있다. 한반도 비핵지대 조약을 먼저 체결하고 추후에 일본이 참여하는 형 태도 고려해볼 수 있다.

현실적으로 가장 중요한 당사국은 조선이다. 단기적으 로 볼 때 핵무력법과 헌법에 "불가역적인 핵보유국"을 명시 하고 이러한 지위를 대외적으로도 다져온 조선이 비핵지대 제안을 수용할 가능성은 거의 없다. 그래서 앞서 언급한 군 비 통제가 비핵지대로 가는 가교이자 과정이 될 수 있도록 해야 한다. 또 핵문제의 뿌리에 해당하는 한반도 정전 체제를 평화 체제로 전환하려는 노력도 선행되어야 한다. 이러한 과 제들을 시야에 넣으면서 긴 안목을 가지고 비핵지대 방식을 추진하면 희망의 근거를 찾을 수 있다.

기실 조선이야말로 '조선반도 비핵지대'를 먼저 제안한 당사자였다. 미국은 1950년대 후반부터 한국에 핵무기를 배 치했고, 1978년부터 한미 양국은 '팀 스피릿' 훈련을 실시했는데, 이 훈련에는 유사시 조선에 핵공격을 가하는 내용도 포함되어 있었다. 그러자 조선은 1980년부터 비핵지대를 주장하고 나섰다. 한반도를 포함한 세계 모든 지역에서 핵무기의 시험과 생산, 저장과 사용을 금지하며 모든 핵무기를 완전히 폐기해야 한다는 것이었다. 1986년부터는 "조선반도 비핵지대·평화지대"를 본격적으로 제안하기 시작했고, 이러한 제안은 1980년대 말까지 지속되었다. 그런데 여기에는 미국 핵무기의 철수와 대북 핵공격 훈련 중단뿐만 아니라 주한미군도 단계적으로 감축해 1992년까지 모두 철수해야 한다는 내용이 담겨 있었다.

이러한 요구가 받아들여지지 않자, 조선은 1990년대에 들어 본격적으로 핵무기 개발 카드를 만지작거리기 시작했다. 그러면서 북핵 대처가 한미의 최대 현안으로 부상했다. 이 문제를 논의하기 위해 노태우 정부에서는 김종휘 청와대 외교안보수석이, 조지 H. W. 부시 행정부에서는 폴 월포위츠 국방부 차관이 수석 대표로 나서 1991년 8월 6~7일 하와이에서 협의를 가졌다. 미국의 기밀 해제 문서에 따르면, 이 자리에서 월포위츠는 "북한이 제안해온 비핵지대는 북핵 문제의 해법이 될 수 없다"라고 말했고 김종휘도 이에 동의했다. "조선반도 비핵지대"에 주한미군 철수도 포함되어 있고, 미국 핵정책의 큰 변화를 수반할 가능성을 경계했기 때문이다. 그

러면서 월포위츠는 "비핵화"를 대안으로 제시했다.[*]

결국 조선은 "조선반도 비핵지대"를 더 이상 언급하지 않고 한미가 요구한 비핵화를 수용했다. 이러한 입장 변화에는 세 가지 사유가 작용했다. 하나는 1991년 미국이 한국에서 전술핵을 모두 철수하겠다고 발표한 것이고, 또 하나는 핵공격 훈련이 포함된 '팀 스피릿' 훈련을 1992년 1월에 한미 대통령이 중단하겠다고 발표한 것이다. 그리고 마지막 이유는 조선이 "조미 간의 적대관계 청산"을 조건으로 주한미군 주둔을 용인할 수 있다는 입장으로 선회했다는 것이다. 이 세 가지는 조선이 한국과 '한반도 비핵화 공동선언'을 채택한 배경으로 작용했다. 하지만 한미 동맹의 '팀 스피릿' 중단 약속이 지켜지지 않으면서 한반도 비핵화 공동선언은 삐걱거리기 시작했다. 그 이후 30년간 가다 서다를 반복한 협상이 결국 실패하면서 비핵화는 종언을 고할 위기에 처했다.

이렇듯 한반도 핵문제의 새로운 접근인 비핵지대는 세계 여러 지역에서 실현되었다는 것을 볼 때 '타산지석他山之石'을, 한때 한반도 핵문제 해법으로 검토된 적이 있었다는 것

- National Security Archive, "Telegram, State Department to Tokyo, etc., August 13, 1991, Subject: U.S.-ROK Hawaii Meeting on North Korea (Secret)," http://nsarchive.gwu.edu/dc.html?doc=4176666-Document-01-Telegram-State-Department-to-Tokyo.

을 고려할 때 '온고지신溫故知新'을 품고 있다. 한반도(동북아) 비핵지대에는 조선이 비핵화 협상 시기에 주장했던 '조선반도 비핵화'와 일부 유사한 내용이 있다. 그래서 친북적인 주장이라는 비난도 받는다. 하지만 비핵지대는 친북적인 주장이 아니라 하나의 국제 규범이자 거의 모든 이들이 불가능하다고 여기는 핵문제 해결을 도모할 수 있는 더 나은 방법이다. 지금까지 비핵화를 향한 접근은 대북 경제제재와 무력시위 등 압박에 치우쳤고, 조선이 핵을 포기하면 이것저것 해주겠다는 설득은 '그림의 떡' 수준에 머물렀다. 반면 비핵지대는 조선이 과거에 제안했고, '조선반도 비핵화'와 친화성이 있으며, 공정하고 균형적인 핵문제 해결을 포함하고 있다. '강압'에 의한, 그래서 실패를 되풀이해온 방식이 아니라 지금까지 시도되지 않은 '공감'을 통한 접근이라는 뜻이다.

물론 비핵화보다 비핵지대가 조선에게 수용성이 높다고 해서 비핵지대의 실현 가능성이 자동적으로 높아지는 것은 아니다. 어떤 방식이든 조선이 보유하고 있는 핵무기와 핵물질, 그리고 이와 직접적으로 관련된 시설의 폐기가 필수적이다. 그런데 조선이 핵무력을 '국체'로 삼아 만만치 않은 성과를 내고 있는 현 상황에서는 핵무장에 따른 조선의 득실관계 판단이 과거와 판이하게 달라졌기 때문에 조선을 설득하기가 매우 어려워졌다. 이는 거꾸로 조선의 셈법에 영향을 미치기 위해서는 한미 동맹과 국제사회도 셈법을 근본적으로 달리해야 한다는 것을 의미한다.

이처럼 셈법을 달리해야 할 핵심적인 문제 가운데 하나가 주한미군이다. 앞서 언급한 것처럼 1980년대 조선의 '비핵지대론'에는 주한미군의 감축·철수도 포함되었고, 이는 미국이 비핵지대를 거부한 요인 가운데 하나로 작용했다. 그런데 트럼프 행정부는 주한미군 감축도 고려하고 있다. 한국의 자체 군사력도 비약적으로 강해졌다. 따라서 군비 통제 단계에서는 주한미군 감축을, 비핵지대 조약이 체결되어 발효되면 주한미군 철수도 검토해볼 수 있는 여건이 조성되고 있는 것이다.

이제 '마차가 말을 끄는 시대'는 끝났다. 즉 한미일이 대북 제재 해결, 한반도 평화협정 체결, 북미·북일 수교 등 비핵화의 핵심적인 상응 조치를 비핵화 완료나 그 이후로 삼으면서 정작 비핵화의 진전을 이루지 못하던 시기는 지나가버렸다. 조선은 이 조치들이 최소한 비핵화와 '동시 행동'으로 이뤄져야 한다고 요구했지만, '갑'의 위치에 있었던 한미일은 조선을 '을'로 취급하면서 이에 응하지 않았다. 그런데 이제 조선은 자신이 '갑'이 되었다고 자신한다. 따라서 어지간해서는 마음을 바꾸지 않을 것이다. 이는 거꾸로 한미일이 대북 접근을 근본적으로 달리하지 않으면 악순환을 피할 수 없게 되었다는 것을 의미한다.

이제는 '말이 마차를 끄는 방식'을 고민할 때이다. 대북 제재의 단계적 해제, 한반도 군비 통제와 평화협정 체결, 북미·북일 수교 등 비핵화의 핵심적인 상응 조치를 핵문제 해결 '뒤'로 둘 것이 아니라 '앞'에 두어야 한다. 또한 앞서 언급한 것처럼, 종착지를 비핵화가 아니라 비핵지대에 두어야 한다. 이러한 접근 방식은 '핵무기 불사용을 보장하는 전쟁 방지와 평화 공존을 위한 신뢰 구축→대북 제재 완화 및 군비 통제와 군축을 통한 평화 체제와 비핵지대 여건 조성→남북미중 평화협정 체결과 북미·북일 수교를 통해 한반도를 비롯한 동북아의 냉전 구조 청산→한반도(동북아) 비핵지대 창설'이라는 프로세스를 염두에 둔 것이다.

이러한 발상의 전환이 가능해지려면 이러한 조치들이 한미일이 조선에 베푸는 시혜이며 조선을 이롭게 하는 것이라는 일방주의에서 벗어나는 것이 매우 중요하다. 조선의 긍정적인 조치에 발맞춰 제재를 완화하면 조선도 이롭지만, 한국 등 대북 교류와 경제협력에 관심을 갖고 있는 나라들에게도 이롭다. 군비 통제와 군축을 통해 조선의 핵과 미사일 프로그램을 동결하고 점차적으로 줄여갈 수 있다면, 북핵이 늘어나는 것보다는 확실히 이롭다. 군비경쟁의 완화는 각국의 내부 문제 해결을 위한 재원 마련과 기후위기 대처에도 기여

한다. 관계 정상화와 평화협정을 통해 전쟁 방지와 평화 정착을 실현하면 모두에게 이로운 일이다. 이렇게 서로가 이로운 길을 걷다보면 비핵지대 논의도 본격화할 수 있을 것이다. 조선이 핵무장에 집착해온 안보적·외교적·경제적 동기를 해소하고 '명예로운 선택'을 고려할 수 있는 조건과 환경을 만들어낼 수 있기 때문이다.

급변하는 세계 정세 속에서 우리가 도전과 기회를 준별해내고 기회를 극대화할 수 있는 지혜를 갖는 것도 매우 중요해지고 있다. 트럼프는 취임 초기에 '두 얼굴의 사나이'처럼 두 가지 카드를 던졌다. 하나는 '세계의 비핵화'를 위해 러시아·중국 등과 핵군축 회담을 추진하겠다는 것이고, 또 하나는 미국 본토를 '철옹성'으로 만들겠다며 '미국판 아이언돔' 구축을 검토하겠다는 것이다. 어디에 트럼프의 본심이 있는지는 예단하기 어렵지만, 전자는 기회를, 후자는 도전을 품고 있다. 트럼프가 레이건의 '스타워즈'를 부활시키면 핵보유국 사이의 군비경쟁은 더욱 치열해질 수밖에 없다. '스타워즈'라는 찬사와 조롱을 동시에 받았던 레이건의 전략방위구상은 소련의 ICBM을 요격할 수 있는 레이저 기지를 우주에 만들겠다는 것을 골자로 했고, 이는 소련의 극심한 반발을 불러와 미소 핵군비경쟁을 격화시킨 바 있다. 양국의 핵무기 보유량을 합치면 7만 개까지 치솟았을 정도로 말이다.

이러한 전례와 최근 지정학적 대결을 감안할 때, 트럼프가 실제로 '미국판 아인언 돔' 구축에 나서면, 중국과 러시아는 물론이고 조선도 미국의 미사일방어망(MD)을 뚫을 수 있는 전략무기 개발에 박차를 가할 것이다. 조선의 외무성 군축 및 평화연구소가 2월 2일 공보문을 통해 트럼프의 MD 계획을 강력히 비난하면서 미국의 군사패권주의에 대응해 "핵억제력을 중추로 하는 자위적 국방력을 끊임없이 발전시켜나갈 것을 절박하게 요구하고 있다"라고 밝힌 것도 이러한 분석을 뒷받침해준다. MD의 일환인 고고도미사일방어체제(THAAD) 문제로 홍역을 치렀던 한국도 더욱 난처하고 위험한 상황에 몰릴 수 있다. 미국은 MD의 잠재적·명시적 적대국인 북중러와 가장 가까이 있는 동맹국인 한국을 MD의 전초기지로 삼고자 해왔다. 트럼프의 행정명령에도 동맹국과의 협력을 강조하고 있다. 트럼프의 기질상 한국에 미국산 MD 구매 압력이나 미국 MD 자산의 한국 배치를 타진하면서 그 비용을 한국이 내라고 요구할 가능성이 있는 것이다.

반면 트럼프가 말한 핵보유국들의 핵군축 회담이 가시화되면 한반도(동북아) 비핵지대 논의에도 활력을 불어넣을 수 있다. 핵군축은 국가안보와 동맹 전략에서 핵무기 의존도를 줄여간다는 의미를 품고 있기 때문이다. 이 역시 레이건으로부터 전례를 찾을 수 있다. 2기 레이건은 스타워즈 구상을 사실상 접고 고르바초프의 소련과 핵군축 회담에 적극 나섰다. 이는 미소 냉전 종식뿐만 아니라 한국의 소련 및 중국과의 수교, 한국 내 미국 핵무기 철수 등의 여건을 만드는 데 기여했다. 트럼프가 두 가지 카드를 동시에 던진 것도 레이건을 롤 모델로 삼았기 때문이라고 할 수 있다. 따라서 한국은 트럼프가 중러에 제안한 핵군축 회담이 성사될 수 있도록 외교력을 발휘하는 동시에 여기에서 비핵지대 실현에 기여할 수 있는 유망한 요소를 추출해야 한다. 핵문제가 가장 심각한 지역인 한반도와 동북아에서 비핵지대를 추구한다는 것은 트럼프가 강조한 핵전쟁 방지와 세계의 비핵화를 향한 중대한 진전에 해당하기 때문이다.

트럼프의 두 가지 카드가 북러 동맹의 향방과 연결되어 있다는 점을 인식하는 것도 중요하다. 스타워즈 부활과 핵보유국들 사이의 군비경쟁이 맞물릴 경우 러시아가 조선에 전략 무기 개발을 지원할 가능성은 더욱 높아지고 이는 한국 안보에도 크나큰 부담으로 작용한다. 이에 반해 핵군축 회담이 탄력을 받으면, 북러 동맹이 비핵지대 창설에 유의미한 기능을 할 수 있는 여지를 만들어낼 수 있다. 먼저 조선의 핵무기와 핵물질을 조선과 국경을 맞대고 있는 동맹국인 러시아로 이전해 처리하는 방안을 검토해볼 수 있다. 조선의 핵을 이전받은 러시아가 한미일이 조선에 약속한 사항의 이행과 조율해 폐기를 진행하면, 합의 사항 이행에 구속력을 부여할 수 있을 것이다. 또 미국이 한국과 일본에 확장억제를 제공하는 것처럼, 한반도(동북아) 비핵지대 조약이 체결되면 러시아가 조선에 확장억제를 제공하는 방안도 검토해볼 수 있다. 이렇게 하면 기존의 북중 동맹과 한반도 평화체제 구축, 그리고 남북·북미·북일 관계 정상화와 맞물려 조선의 안보 우려를 해소하는 데 크게 기여할 수 있을 것이다.

비핵지대 창설에 한국이 적극적으로 나서야 할 이유는 이것이 북핵 해결의 대안이 될 수 있다는 점에 국한되지 않는다. 앞서 설명한 것처럼 비핵지대가 성공하기 위해서는 핵보유국들의 소극적 안전 보장이 필수적이다. 따라서 중국 및 러시아의 한국에 대한 잠재적인 핵위협 해소를 제도화하는 데에도 크게 기여할 수 있다. 일본 역시 마찬가지 혜택을 누릴 수 있다. 그러므로 역내 비핵 국가이자 미국의 동맹국이며 북중러와 긴장 관계에 있는 한국과 일본이 동북아 비핵지대 창설에 주도적인 역할을 하는 것을 미래 공동의 비전으로 공론화해볼 가치가 있다.

물론 한반도나 동북아 비핵지대 실현을 위해서는 멀고도 험한 길을 걸어야 할 것이다. 하지만 우리가 어떻게 하느냐에 따라 영원히 도달할 수 없는 이상향이 될 수도, 가까운 미래에 손에 잡히는 대안이 될 수도 있다. 비핵화가 사라지고 있는 자리를 비핵지대로 채워보자고 호소하는 까닭이다. 이를 위해서는 한국이 조선의 국가성을 인정하는 것이 필수적이다. 비핵지대는 지대 내 국가들의 대화와 협상을 기초로 하고 국가 간의 조약 체결이 궁극적인 결과물이기 때문이다.

달라진 김정은, 돌아온 트럼프

한반도 평화를 위한 대한민국의 선택은?

2025년 3월 10일 초판 1쇄 발행

지은이 정욱식

펴낸이 이제용 | 펴낸곳 갈마바람
등록 2015년 9월 10일 제2019-000004호
주소 (06775) 서울시 서초구 논현로 83, A동 1304호(양재동, 삼호물산빌딩)
전화 (02) 517-0812 | 팩스 (02) 578-0921
전자우편 galmabaram@naver.com
블로그 blog.naver.com/galmabaram
페이스북 www.facebook.com/galmabaram

편집 오영나 | 디자인 이새미 | 제작 이지프레스

ISBN 979-11-91128-06-2 03340